Numerología:

Descubre el significado de los números de tu vida y sus secretos para el éxito, la riqueza, la adivinación y la felicidad

TABLA DE CONTENIDOS

Introducción

"¡Vaya! ¡¡Vaya!! ¡¡¡Vaya!!!"

Estas fueron mis palabras cuando por primera vez empecé a tener una visión del misterio detrás de los números en mi vida. Siempre había pensado que varios sucesos que tenían una extraña conexión con mi "número de camino de vida" no eran más que "coincidencias". Solía tachar la numerología de "pseudociencia" que estaba destinada únicamente a personas ilusas, pero ahora sé que no es así. Es interesante observar que, por mucho que la gente piense que el conocimiento de la numerología es escurridizo, en realidad está a nuestro alrededor. Si hubieras prestado más atención a los detalles, te habrías dado cuenta de que estos "secretos" siempre han estado delante de tus narices, pero nunca lo habías notado.

En la historia de Harry Potter, la asignatura favorita de Hermione Granger es aritmancia. Esta asignatura consiste en el estudio de los atributos mágicos de los números. En la historia, Hermione utilizaba complejas tablas mágicas para predecir acontecimientos futuros a través de los números. La aritmancia es la numerología en el mundo real. Según los numerólogos, los números encierran inmensos poderes y pueden darte una idea de tu personalidad y tus capacidades. Permíteme decirte "felicitaciones" si eres nuevo en la numerología porque has sido capaz de llegar hasta aquí.

Estoy seguro de que has elegido leer este libro, no por mera curiosidad, sino porque deseas conocerte mejor a ti mismo. Estoy convencido de que tienes el deseo de comprender tu propósito y aprovechar al máximo la vida que te ha traído hasta aquí. Puedo asegurarte que tomaste la decisión correcta al elegir este libro. ¿Por qué? ¡Porque estás a punto de recibir información de calidad que cambiará tu vida para siempre!

Muchas personas pasan por la vida desilusionadas y confundidas porque no pueden encontrarle sentido a sus vidas. Parecen estar muy cerca, pero a la vez muy lejos de vivir una vida plena y feliz. Han tenido momentos en los que las cosas parecían ir como querían. Han tenido momentos aquí y allá en los que tenían el mundo a sus pies y parecían haber llegado hasta "allí". Realmente desean que esos momentos continúen para siempre, pero nunca ha sido así.

Pasan por tantos momentos de desilusión y desamor. Han invertido en el negocio equivocado, han tomado malas decisiones matrimoniales e hicieron las cosas correctas en los momentos equivocados. Las decisiones equivocadas terminaron casi definiendo sus vidas. Todos los buenos momentos que han tenido han sido totalmente consumidos por los malos momentos. Si la historia de tu vida hasta ahora ha sido así, hay esperanza donde menos lo esperas. Este libro es definitivamente para ti.

Estás a punto de unirte a la liga de millones de personas en todo el mundo que viven una vida feliz y plena gracias a su conocimiento de la numerología. Sólo imagina cómo sería tu vida si tuvieras un buen conocimiento de qué hacer, cuándo hacerlo y cómo hacerlo. Definitivamente tomarás menos decisiones equivocadas en tu carrera y en tus relaciones con los demás. Sabrás con qué tipo de personas deberías estar, que te ayudarán, y con cuáles no.

Una vez que tomes más decisiones correctas en tu vida, tendrás más buenos momentos y menos malos momentos. Invertirás en los negocios correctos y obtendrás más ganancias. Podrás aprovechar las relaciones con las personas adecuadas y todas las ganancias que eso conlleva. Ya no irás confundido por la vida. Tendrás más control de tu vida. Ya no serás víctima de las circunstancias. Caminarás por un camino claramente definido en la vida que conduce a un destino claramente específico. Aumentará tu confianza y tu autoestima se disparará.

Como dice el refrán, "La suerte sólo favorece a los valientes". Por lo tanto, el conocimiento que obtendrás de este libro no es para volverte perezoso. Conocer tus "números de la suerte" y otras cosas asombrosas que aprenderás de este libro tiene como objetivo ayudarte a "trabajar en la dirección correcta". La vida es hermosa y placentera cuando tienes una idea clara de lo que funciona y lo que no funciona para ti.

Este libro te ofrece la perspectiva necesaria en lo que respecta a la numerología como principiante.

La esencia de escribir este libro no es agregar más conocimiento sobre la jerga esotérica, sino mejorar tu experiencia como persona. Por lo tanto, si tienes un nivel razonable de educación en lo que respecta al tema de la numerología, también eres bienvenido. Te garantizo que este libro también agregará valor tanto a tu conocimiento como a tu vida entera.

Este libro es una guía paso a paso sobre la numerología. Por lo tanto, no dejaremos piedra sin mover para asegurar que estés completamente satisfecho cuando hayas terminado de leerlo. La información de este libro se presenta de una manera sencilla para facilitar su comprensión. Para los principiantes, es importante tener en cuenta que la numerología no es lo mismo que la teoría de números, que es una rama de las matemáticas puras. Por lo tanto, no quiero que tengas la idea de que este libro es un "estudio avanzado de las matemáticas". Por mucho que exista un fuerte vínculo entre la numerología y las matemáticas, la numerología no es una rama de las matemáticas.

Como te dije anteriormente, este libro está escrito para agregar valor a tu vida. Por lo tanto, te insto a que lo trates como una especie de "mina de oro", donde excavarás "tesoros". Estos tesoros son información vital que mejorará tu vida. Así que, nunca debes tratar este libro como uno de esos libros que lees para pasar el tiempo. No debes leer este libro sólo porque no puedes encontrar ninguna otra cosa significativa que hacer con tu vida. Debes leerlo con la intención de obtener el conocimiento que cambiará radicalmente tu vida de manera positiva. El estudio de este libro es un viaje que iniciará un nuevo ciclo de momentos positivos estupendos en tu vida. No sólo comenzarás a tener experiencias agradables, sino que las tendrás de manera constante. Estoy emocionado de tener el privilegio de ser tu guía en este gran viaje al mundo del misterio de los números. La mejor parte de tu vida está por comenzar.

¡¿Estás listo?!

Capítulo 1:
Historia de la numerología

El estudio de los números y de cómo afectan a la vida de una persona tiene una larga historia. Sin embargo, hasta 1907 no se mencionó la palabra "numerología" en ningún diccionario inglés. El uso de los números para obtener respuestas críticas sobre el propósito de una persona en diversas culturas fascinó a los matemáticos. Fue por ello que comenzaron a investigar la veracidad de estas afirmaciones de encontrar soluciones a los problemas humanos con nombres y números.

Los primeros días

A Pitágoras se le suele considerar el "padre" de la numerología por sus enormes aportaciones a esta rama. Nació en Grecia alrededor del año 596 a.C. Existen pocos registros históricos sobre él, porque la mayoría de las personas que escribieron sobre él lo hicieron años después de su muerte. Sin embargo, algunas de sus obras sobrevivieron, y su contribución a la numerología es una de esas obras destacadas.

Los aportes de Pitágoras resonaban con algunos científicos de esa época que opinaban que los conceptos matemáticos tienen mayor practicabilidad. Uno de estos filósofos fue San Agustín de Hipona (354-430 d.C.). Según él, el lenguaje universal con el que la deidad confirma la verdad para los humanos, son los números.

Al igual que Pitágoras, él creía que todos los acontecimientos de la vida tienen profundas conexiones numéricas. De ahí que la mente humana tenga la tarea de comprender el misterio de estas conexiones. Si no, la fuente de esta comprensión vendrá por revelación divina. Las conexiones místicas entre los números y los acontecimientos de la vida de las personas hicieron que la numerología ganara una amplia aceptación en todo el mundo.

Persecución por la Iglesia estatal

Sin embargo, la práctica de la numerología sufrió un duro golpe cuando la Iglesia estatal, por influencia del emperador romano Constantino, prohibió su práctica. Tras el Primer Concilio de Nicea en 325 d.C., la creencia en la numerología se clasificó en la misma categoría que la magia y la astrología. Por lo tanto, creer en la numerología se convirtió en una ofensa.

Sin embargo, esta amenaza de la Iglesia no fue lo suficientemente fuerte como para acabar con la creencia. La numerología seguía vigente cuando Doroteo de Gaza hizo un análisis en profundidad del "número de Jesús". El número de Jesús es el 888, que es el número natural anterior al 889 y posterior al 887. Se han presentado fuertes argumentos en cuanto a lo que tiene una apariencia de numerología en la Biblia. Por ejemplo, se cree que el 7 y el 3 tienen un fuerte significado espiritual. La duración de las hambrunas en la Biblia suele ser de 7 años, y Dios tardó 7 días en crear el mundo. Jesús fue crucificado a las 3 de la tarde, y pidió a Dios evitar ser crucificado tres veces. El número 8 se relaciona a menudo con el cambio tras siete años de sequía. Por eso, a pesar de la prohibición impuesta a la numerología por la iglesia estatal, fue imposible hacer que la gente dejara de creer en el significado sobrenatural de los números.

Además de la Biblia, también hay teorías de alquimia que tienen sus raíces en la numerología. Un ejemplo de ello es cómo Jabir Ibn Hayyan, un alquimista persa-árabe, llevó a cabo varias investigaciones basadas en ideologías numerológicas en lengua árabe utilizando los nombres de las sustancias. En 1658, la numerología ocupó un lugar destacado en "El jardín de Ciro", un discurso literario de Sir Thomas Browne, donde el autor del libro se empeñó en demostrar que el número 5 y el patrón del quincunce están presentes en el diseño, las artes y en la botánica en particular.

Otras contribuciones

Varias personas contribuyeron inmensamente a dar a la numerología la visión moderna que tiene hoy. En el libro "Numerología, el poder en los números", la autora, Ruth A. Drayer, dice que la Sra. L. Balliett combinó referencias bíblicas con el trabajo de Pitágoras. Otras valiosas aportaciones vinieron de Juno Jordan, alumna de Balliett, que dio a la numerología el sistema pitagórico moderno. Este sistema no fue desarrollado por

Pitágoras, sino por Juno Jordan en 1965 mediante la publicación de "Romance en tu nombre".

El libro contenía el sistema moderno de identificación de la influencia vital de la numerología en las fechas de nacimiento y los nombres. Otros numerólogos como Kathleen Roquemore, Dusty Bunker, Faith Javane, Mark Gruner, Lynn Buess, y Florence Campbell han hecho su parte para hacer posible la evaluación de los acontecimientos y la personalidad con la numerología.

Las diversas formas de numerología

A lo largo de los años se han estudiado y practicado diversas formas de numerología. Diferentes culturas y dispensaciones han tenido su propia forma de numerología, que fue predominante durante ese período y en esa cultura. Los babilonios, los chinos, los japoneses, los indios, los egipcios y los judíos tienen una forma de numerología que practican.

Sin embargo, las tres formas principales de numerología son la cabalística, la caldea y la pitagórica. Cada una de estas formas de numerología tiene sus peculiaridades. Cada una tiene una forma única de análisis e interpretación de los números. No obstante, la característica común de cada sistema es ayudar a las personas a comprender su propósito en la vida y los acontecimientos que les rodean.

La forma cabalística

La forma cabalística se basa en la Cábala, el alfabeto hebreo. Por lo tanto, esta forma de numerología tiene sus raíces en las tradiciones judías. "Cábala" significa literalmente "conocimiento interno y espiritual". Esto implica que el conocimiento no se deriva de los sentidos sino del alma. En este sistema, se cree que cada letra y número tiene un significado secreto que tiene una aplicación práctica. El sistema cabalístico se ocupa del nombre de nacimiento de una persona en el que se analizan 400 números y 22 letras.

Estos números y letras se utilizan para interpretar el significado de ese nombre y fecha de nacimiento en relación con los acontecimientos que tienen lugar en la vida de esa persona. Cada letra tiene un valor que tiene una característica peculiar que explica ciertos aspectos de la vida de una persona. La forma cabalística de numerología es la más difícil de interpretar, pero ofrece una gran perspectiva de la vida de la persona en cuestión.

El producto final del sistema cabalístico es ayudarte a comprender los talentos que tienes. Por lo tanto, podrás ponerlos en práctica y vivir una vida feliz y plena. Esta forma de numerología te ayuda a comprender tu suerte, tu constitución y tu afecto. Por lo tanto, podrás identificar áreas de tu vida en las que necesitas mejorar y ser ese hombre o mujer que deseas.

La forma caldea

La forma caldea de numerología tiene sus raíces en la antigua Babilonia. Es la más antigua de las tres formas de numerología. El sistema caldeo con frecuencia se conoce como "numerología mística". Esta forma de numerología recibe su nombre de quienes iniciaron su práctica. Alrededor del siglo X a.C., la tribu caldea habitó la antigua Babilonia. Esta forma de numerología a menudo se considera la más difícil de aprender de todas.

Los caldeos son famosos por sus mitologías y capacidades proféticas. La razón por la que se considera difícil de dominar es que su investigación es profunda, ya que comienza desde la fecha de nacimiento de la persona. Esta forma de numerología es la favorita de las personas que aman el conocimiento antiguo. El sistema caldeo, a diferencia de la Cábala, utiliza 8 números (del 1 al 8). Además, sólo se ocupa del nombre con el que se conoce comúnmente a la persona, en lugar del nombre de nacimiento.

Esta forma de numerología no es común, pero es conocida por su gran precisión y exactitud predictiva. Se basa en las vibraciones producidas por números específicos con sus características peculiares. Las influencias externas en la vida de una persona se representan mediante dígitos individuales, mientras que las influencias internas se representan mediante dígitos internos. El sistema caldeo te informa sobre tu personalidad y tu profesión ideal debido a tus capacidades y personalidad.

La forma pitagórica

El sistema pitagórico fue desarrollado por Pitágoras, un matemático y filósofo griego. Es la más común de todas las formas de numerología. También se le conoce como "Numerología Occidental". A diferencia del sistema cabalístico y caldeo, el sistema pitagórico es más fácil de dominar, lo que explica por qué es el más popular de los tres. El sistema pitagórico es fácil de dominar porque emplea el sistema de alfabetos y números occidentales. Pitágoras creía que estos números transmiten energías sagradas que son increíblemente poderosas.

En esta forma de numerología predominan conceptos como el número de camino de vida, el número del destino y el número del impulso del alma. Estos números se utilizan para hacer predicciones sobre los acontecimientos que ocurrirán en la vida de una persona. Las fórmulas son bastante fáciles de recordar, ya que van del 1 hasta el 9. El sistema pitagórico utiliza el nombre completo de una persona, de modo que las letras del nombre se convierten en números. Los números obtenidos a partir de esta conversión se utilizan para obtener un número del destino, que se utiliza para interpretar el propósito de la vida de la persona.

Las críticas a la numerología

Aquellos que no están convencidos del gran poder de los números para proporcionar respuestas a los problemas humanos tienen varios argumentos que intentan utilizar para derrotar a la numerología. Algunos sostienen que no hay nada espiritual en los números; por lo tanto, no tienen capacidad para influir en los incidentes de la vida de una persona. Para estas personas, la numerología es una mera superstición para quienes no están dispuestos a adoptar métodos científicos.

Quienes critican la pseudociencia señalan estudios como los que se llevaron a cabo en Israel en 2012 y en el Reino Unido en 1993. En el experimento que se llevó a cabo en el Reino Unido participaron 96 personas. El objetivo del experimento era averiguar si existe una relación entre la capacidad psíquica declarada por los propios participantes y el número 7. Al final del experimento, los investigadores descubrieron que tal conexión era falsa.

En la investigación, realizada en Israel, participaron en el experimento 200 personas. El objetivo del experimento era investigar la precisión numerológica del diagnóstico de trastornos del aprendizaje como el autismo, el TDAH y la dislexia. Al final del experimento, se comprobó que el diagnóstico era inexacto. El investigador repitió el experimento dos veces para probar un punto, pero los resultados seguían siendo los mismos.

De ahí que los escépticos se apresuren a señalar tales experimentos para demostrar que la numerología no es más que una farsa. Sin embargo, por mucho que la ciencia haya mejorado la vida dando respuestas a numerosos problemas humanos, es evidente que la ciencia no puede explicarlo todo. La ciencia comprende en gran medida la fisiología humana, pero no puede dar una explicación satisfactoria de la muerte. La ciencia no tiene explicación para las emociones, aparte de señalar las actividades de las hormonas.

Por lo tanto, los números y su significado son una de esas cosas que la ciencia actualmente no puede explicar. La numerología ha desempeñado un papel importante en la historia, aunque los críticos la tachen de pseudociencia. Algunos científicos utilizan la palabra "numerología" como término despectivo para referirse a la ciencia que consideran que no sigue el procedimiento científico debido. Por ejemplo, la similitud casual de algunos números grandes, que fascinó a grandes científicos como Arthur Stanley Eddington, Herman Weyl y Paul Dirac, se denominó "numerología".

Tales coincidencias incluyen la relación entre la edad del universo y la unidad atómica de tiempo, la diferencia entre las fuerzas de la gravedad y la fuerza eléctrica del protón y el electrón, y el número de electrones en el universo. Curiosamente, lo que se convirtió en la popular tabla periódica actual fue el resultado de lo que estos científicos denominan "numerología". La tabla periódica se formó mediante la categorización de los elementos por sus propiedades físicas tras el descubrimiento de las tríadas atómicas.

A pesar del pesimismo o negación de algunas personas, la veracidad de la numerología no puede dejarse de lado. Quiero decir, tú sabes que ciertos números siguen apareciendo en tu vida y que están afectando situaciones en tu vida. Un escéptico lo tacharía de mera coincidencia. Sin embargo, tú sabes en el fondo de tu corazón que esos números son más de lo que parecen. Estoy seguro de que eso fue lo que despertó tu interés en leer este libro en primer lugar. En el próximo capítulo hablaremos ampliamente de los distintos métodos para practicar la numerología. La clase de historia ha terminado; así que prosigamos.

Capítulo 2: Métodos

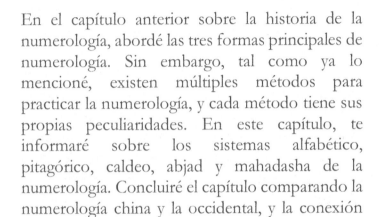

En el capítulo anterior sobre la historia de la numerología, abordé las tres formas principales de numerología. Sin embargo, tal como ya lo mencioné, existen múltiples métodos para practicar la numerología, y cada método tiene sus propias peculiaridades. En este capítulo, te informaré sobre los sistemas alfabético, pitagórico, caldeo, abjad y mahadasha de la numerología. Concluiré el capítulo comparando la numerología china y la occidental, y la conexión que la numerología tiene con la astrología y el tarot.

Los escépticos pueden decir que el hecho de que existan diferentes métodos para practicar la numerología demuestra que se trata de una práctica falsa. Sin embargo, los investigadores también tienen varios métodos para investigar diferentes temas. Los métodos experimentales y correlacionales de investigación son utilizados por los científicos dependiendo de la sensibilidad y peculiaridad del tema de investigación. Los métodos de autoinforme y de observación también se utilizan para investigar diversos tópicos.

¿El hecho de que los científicos estudien diversos temas de investigación con diferentes metodologías invalida las afirmaciones científicas? La respuesta es obvia. Por lo tanto, los diversos métodos de práctica de la numerología tienen sus propias peculiaridades y practicidad. Sin embargo, cada método tiene como fin que tú puedas conocer mejor tu personalidad y tus talentos. La numerología, a pesar de sus diversas metodologías, tiene el objetivo unificado de hacer que tu vida resulte más provechosa.

Sistemas alfabéticos

El sistema alfabético para practicar la numerología existe en diferentes culturas. Los árabes tienen los números abjad; los hebreos, armenios y griegos también tienen su propio sistema alfabético. Antes de la adopción de los populares alfabetos latinos, las runas alemanas también eran populares. El tema principal de todo sistema alfabético es que a un alfabeto se le asigna un valor numérico. La mayoría de las veces, este sistema sólo requiere el nombre y la fecha de nacimiento de la persona.

Del nombre y la fecha de nacimiento se extraen de 3 a 10 números. El numerólogo examinará el nombre de nacimiento y las posibles influencias negativas presentes en ese nombre en la vida de la persona. En caso de que el numerólogo descubra influencias negativas en tu vida como consecuencia de tu nombre de nacimiento, te sugerirá cómo puedes minimizar o erradicar estas influencias.

Por ejemplo, es posible que te pidan que modifiques tus tarjetas de presentación o las firmas de correo electrónico. Si cambiar tu nombre legalmente no es un problema, se te puede sugerir que lo cambies para mejorar tus experiencias en la vida. Los números extraídos de tu nombre y fecha de nacimiento también se pueden utilizar para descubrir tanto tus rasgos de personalidad como tus talentos. Tanto tus rasgos manifiestos como encubiertos se pueden revelar mediante los números extraídos de tu fecha de nacimiento y nombre.

La esencia de estos descubrimientos es ayudarte a canalizar tus rasgos de personalidad hacia la trayectoria profesional que garantizará tu éxito. Se revelarán tus deseos y pasiones, y podrás conocer tu propósito en la vida. También es fascinante saber que estos números se pueden utilizar para predecir lo que te espera en el futuro. Se te resaltarán las oportunidades y los posibles obstáculos para que puedas tener un conocimiento justo de tus opciones y saber cuáles son las mejores decisiones para ti.

Un numerólogo típico del sistema alfabético te dará la oportunidad de hacer más indagaciones al final de la sesión. Esto ayudará al numerólogo a resolver cualquier desafío que tengas en relación con la evaluación u otros aspectos de tu vida.

Sistema abjad

El sistema abjad es el sistema árabe de numerología. Se basa en los números abjad o en las notaciones abjad. En este sistema, cada letra árabe tiene un valor numérico asociado. Este sistema es la base sobre la que se construyen "ilm-ul-huroof", la ciencia del alfabeto, y "ilm-ul-cipher", la ciencia del cifrado. El sistema abjad tiene una relación numérica con las letras, como se muestra a continuación:

ط=9 ح=8 ز=7 و=6 ه=5 د=4 ج=3 ب=2 أ=1

ص=90 ف=80 ع=70 س=60 ن=50 م=40 ل=30
ك=20 ي=10

ظ=900 ض=800 ذ=700 خ=600 ث=500 ت=400
ش=300 ر=200 ق=100

غ=1000

Si observas con atención, las letras son 28 en total. Cada una de estas letras tiene un valor numérico asociado. Este sistema de numerología ha existido desde antes del siglo VIII. Abjad proviene de las primeras cuatro letras del alfabeto semítico (A, B, J, D). Estas letras también son las primeras cuatro de los alfabetos hebreo, arameo y fenicio.

El sistema abjad es un sistema alfabético. Por lo tanto, la esencia de los números asociados a las letras es tener una comprensión más profunda de una persona. El valor de los números asociados a tu nombre tiene importancia en este sistema. Estos números revelan tus inclinaciones de comportamiento. Revelan tu deseo más íntimo y cuál es tu "vocación" en la vida.

A partir de la evaluación de los numerólogos de abjad, podrás saber más sobre ti mismo y el camino profesional que mejor se adapta a ti. Podrás saber en qué tipo de negocio puedes invertir y el tipo de personas que pueden complementarte. Tendrás una visión más amplia de tus fortalezas y debilidades. También podrás saber qué esperar de tu vida en el futuro. Por lo tanto, podrás prepararte para cualquier cambio, ya sea positivo o negativo. Tendrás una dirección clara en la vida.

Sistema de Pitágoras

El sistema de numerología pitagórico también se denomina "numerología pitagórica o numerología occidental". Este sistema de numerología fue desarrollado por Pitágoras, un científico griego. Pitágoras notó que existe una conexión entre las notas musicales y los números. Se dio cuenta de que las vibraciones peculiares producidas por los instrumentos de cuerda tienen explicaciones matemáticas.

El sistema de numerología pitagórico depende de tu nombre de nacimiento y de tu fecha de nacimiento para revelar información importante sobre ti. Este sistema intenta explicar cómo es tu naturaleza externa. Esta naturaleza externa comprende los rasgos de personalidad que todos pueden ver que exhibes. Estos rasgos de personalidad se obtienen de los números asociados a tu nombre.

Este sistema de numerología funciona obteniendo primero tu nombre exactamente como está escrito en tu certificado de nacimiento. Cada letra de ese nombre de nacimiento tendrá un número asociado a ella basado en el antiguo sistema pitagórico del número uno al nueve. Este sistema hace uso de alfabetos latinos de modo que el número 1 está asociado a las letras a, j, s. El número 2 está asociado a las letras b, k, t. El número 3 se asigna a las letras c, l, u; el número 4 a las d, m, v; el número 5 a las e, n, w; el 6 a las f, o, x; el 7 a las g, p, y; el 8 a las h, q, z; y el número 9 a las letras i, r.

Los números que se adjuntan a tu nombre completo, tal como aparece en tu certificado de nacimiento, se sumarán sistemáticamente para obtener un número de nombre. Por ejemplo, si tu nombre en el certificado de nacimiento es Anthony Martial Lionel, tu número de nombre se obtendrá de la siguiente manera:

Anthony = 1 + 5 + 2 + 8 + 6 + 5 + 7 = 34

Martial = 4 + 1 + 9 + 2 + 9 + 1 + 3 = 29

Lionel = 3 + 9 + 6 + 5 + 5 + 3 = 31

Anthony Martial Lionel = 34 + 29 + 31 = 94

Número de nombre = 9 + 4 = 13 = 1 + 3 = 4

A partir de los cálculos anteriores, el número de nombre para un individuo cuyo nombre es Anthony Martial Lionel es 4. Si Anthony Martial Lionel decide alterar alguna parte de su nombre, esto dará lugar a un nuevo número de nombre. El nombre numérico inicial se utiliza para explicar parte de su vida. Por lo tanto, una alteración conducirá a la alteración en algunos aspectos de la vida del individuo.

En el sistema pitagórico, tu fecha de nacimiento se considera una extensión de tu personalidad. Por lo tanto, también se calcula para obtener un solo dígito. El número obtenido a partir de tu fecha de nacimiento se utiliza para descubrir los talentos o rasgos de personalidad que deseas poseer. Este número muestra los rasgos de personalidad que posees, pero que no exhibes al mundo.

También revela tu propósito en la vida. Es importante señalar que, en este sistema, hay números que se denominan "números maestros". Son los números 11, 22 y 33. Si, después de calcular tu número de nacimiento, resultara ser cualquiera de estos tres números, no se reducirá a un solo dígito. Las inferencias sobre tu vida se harán a partir de estos números.

Sistema caldeo

El sistema caldeo de numerología también es llamado sistema babilónico de numerología. Esto se debe a que se originó a partir de los caldeos, que habitaron Babilonia desde el 625 hasta el 539 a.C. Este sistema se utiliza para identificar los distintos cambios de energía que se producen cuando tú hablas o cuando habla otra persona. La frecuencia de la vibración que se produce cuando la gente habla a tu alrededor varía y te afecta a ti y a los que están cerca de ti.

Los caldeos utilizan los números del 1 al 8. No utilizan el número 9 porque creen que ese número está conectado con el infinito. Este sistema no emplea el nombre de nacimiento sino el nombre actual de la persona. Hacen esto porque creen que las vibraciones que se generarán alrededor de la persona se basan en su nombre actual. Al igual que el sistema pitagórico de numerología, el sistema caldeo también asocia números a alfabetos latinos.

Sin embargo, como sólo utilizan los números del 1 al 8, los números que se asocian a las letras no son los mismos que los del sistema pitagórico. En el sistema caldeo, el número 1 se asigna a las letras a, q, i, y, j. El número 2 se asigna a las letras b, r, k; el 3 se asigna a g, c, l, s; el 4 se asigna a d, m, t; el 5 se asigna a e, h, n, x; el 6 se asigna a u, v, w; el 7 se asigna a o, z; y el 8 se asigna a las letras f, p.

Por lo tanto, en el ejemplo de Anthony Martial Lionel, el número del nombre que se derivará en el sistema caldeo será diferente del que se derivará del sistema pitagórico. Sin embargo, esto no significa que la respuesta que tú obtendrás de un numerólogo pitagórico será significativamente diferente de la que se puede obtener con un numerólogo caldeo.

Al igual que en el sistema pitagórico, los números maestros 11, 22 y 33 también se reconocen y no se alteran. En otras palabras, al igual que el sistema pitagórico, si el número de tu nombre de nacimiento es 11, 22 o 33, no se reducirá a un solo dígito. En este sistema, tu primer nombre muestra la personalidad que presentas al público. También revela tus hábitos e intereses personales.

La energía de tu alma se revela por las vocales de tu nombre. Este nombre es muy importante porque revela tus deseos y talentos más íntimos. Tu propósito en la vida se encuentra aquí porque las cosas que anhela tu alma se localizan aquí. La influencia de tu familia de origen en tu vida es revelada por tu apellido.

Sistema Mahadasha

El sistema Mahadasha es una combinación de numerología y astrología. "Dasha" se refiere a un estado o periodo planetario. El patrón Dasha refleja los planetas particulares que gobernarán en períodos específicos basados en el Jyotish. Jyotish es el sistema hindú de astrología, que también se llama astrología védica. Mahadasha es vital en la predicción de acontecimientos futuros mediante el uso de una carta astral en este tipo de astrología.

Mahadasha puede crear doshas o yogas que pueden cambiar los efectos sobre los planetas en tránsito. Cualquiera que quiera ser rico, popular o tener éxito debe contar con el apoyo de Mahadasha para hacerlo posible. Hay 9 tipos de Mahadasha: Rahu Mahadasha, Chandra Mahadasha, Guru Mahadasha, Budha Mahadasha,

Sani Mahadasha, Ketu Mahadasha, Sukra Mahadasha, Surya Mahadasha y Kuja Mahadasha.

El total de todos los Mahadashas es de 120 años de vida. Mahadashas como Ketu, Sol, Luna y Marte tienen menos de diez años. Sin embargo, Mahadashas como Rahu, Saturno, Júpiter, Mercurio y Venus, son de más de quince años. El efecto de cada Mahadasha se determina mirando al señor del dasha, su Karaka, y su respectivo depositante como se ve en la formación de yoga del planeta. La colocación de Venus, por ejemplo, es importante para el Mahadasha de Venus.

Un buen o mal resultado se deriva de la formación del yoga durante el mahadasha de los planetas involucrados en la formación del yoga. El signo que ocupa la Luna es vital para la predicción de acontecimientos futuros en este sistema. Si la Luna carece de fuerza, todos los demás planetas se consideran débiles.

Numerología china versus numerología occidental

La numerología china no se basa únicamente en los números, sino en los sonidos que hacen cuando se dicen en voz alta. Por lo tanto, si un número suena como una palabra negativa cuando se dice en voz alta, ese número se considera un signo de algo negativo. Sin embargo, cuando el sonido del número tiene una semejanza con una palabra positiva cuando se dice en voz alta, se asocia con algo positivo. Por lo tanto, la suerte es un componente clave de la numerología china.

La importancia de la suerte es una de las principales diferencias entre la numerología china y la occidental. La numerología occidental se basa en el sistema de numerología pitagórico. En la numerología occidental, la suerte no juega un papel importante. Cada número tiene atributos tanto positivos como negativos en la numerología occidental. Por lo tanto, en la numerología occidental depende de ti exhibir los atributos positivos o negativos del número asociado con tu nombre.

Por ejemplo, en la numerología china, el número "1" tiene una semejanza con la palabra china para "honor". Por lo tanto, el número está asociado con la soledad o la independencia. El número está asociado con el elemento agua; Por lo tanto, representa la capacidad de tener éxito a pesar de las barreras en el camino. En la numerología occidental, el número 1 tiene un significado diferente. El número representa la creación o un nuevo comienzo.

Los atributos positivos del número 1 en la numerología occidental incluyen liderazgo, coraje e iniciativa. Mientras tanto, los atributos negativos incluyen impulsividad y comportamiento de confrontación. Por lo tanto, mientras que la numerología china atribuye los eventos en la vida de una persona a factores que están un poco fuera del control de la persona, la numerología occidental pone al individuo al volante de su vida. La numerología occidental es muy popular en Occidente, mientras que la numerología china es popular en Oriente.

La numerología y su conexión con la astrología y el tarot

Quienes aprenden astrología y tarot por primera vez pueden encontrarlo un tanto desalentador. Sin embargo, se vuelve más fácil cuando se comprende la conexión entre la numerología y el tarot. La baraja del tarot se divide en categorías menores y mayores. Cada una de estas categorías se llama "arcanos". La baraja del tarot consta de 78 cartas. La comprensión de la diferencia entre cada arcano y su número te ayudará a comprender cualquier carta.

Los arcanos menores tratan del reino físico, que se divide en cuatro cartas de palo, que contienen los bastos, las copas, los oros y las espadas. Los bastos representan la voluntad, las copas representan la emoción, los oros representan la materia y las espadas representan el intelecto. Los arcanos menores tienen una apariencia similar a la baraja de cartas normal, pero se diferencian en que tienen una sota, que es una carta de la corte adicional. Cada palo tiene una numeración del 1 al 10 y un elemento correspondiente.

Los arcanos mayores son cartas con imágenes grandes, que representan momentos vitales en la vida de una persona. Estas cartas son cruciales y tienen significados profundos cuando se interpretan. Hay 22 cartas en los arcanos mayores con la numeración del 0 al 21. Los símbolos en las cartas de los arcanos mayores representan la historia de la transición de una fase de la vida a la otra. Todo comienza en la infancia y la inocencia y termina en la maduración y la iluminación. La base numerológica del tarot se basa en la numeración de las cartas de los arcanos mayores y menores. Los números de cada una de las cartas de los arcanos mayores y menores tienen significados específicos, que es la idea central de la numerología. Hay cinco cartas que corresponden al número 1: el as de copas, el as de espadas, el as de bastos, el as de oros y la carta del Mago. Las cartas del Mago están en los arcanos mayores, mientras que el resto están en los arcanos menores.

El significado de cada uno de los cuatro ases no es el mismo, pero en última instancia tienen el mismo mensaje: nuevos comienzos. Otro enfoque de la interpretación del tarot es tratarlo como un ciclo. Los números impares generalmente representan inestabilidad y cambio, mientras que los números pares generalmente representan estabilidad y resistencia. La naturaleza cíclica del tarot es tal que cada final representa un nuevo comienzo.

La numerología en una interpretación del tarot

En el tarot, el número 1 representa nuevos comienzos, así como el primer paso en tu viaje. Los ases de los arcanos menores son la forma más pura del elemento de cada palo. Suelen aparecer cuando estás iniciando una relación, un nuevo trabajo o cuando deseas abordar algo con una nueva perspectiva. Generalmente, se trata de ir en una dirección que no es la misma que la que estabas siguiendo antes.

El número 2 es el número de las asociaciones y las decisiones que tomas en tu camino en la vida. Es durante el proceso de consideración que aparece el número dos. Este número exige la dirección que quieres tomar, tanto de ti como de las personas que se unen a tu equipo. El número 3 es el número del crecimiento. Puede ser el crecimiento de una relación, un proyecto o una idea. El número representa la progresión natural y la formación de equipos.

El número 4 representa los cimientos. Esta carta representa la viabilidad y el razonamiento lógico como resultado de la estabilidad. El estallido inicial de energía con el que comenzaste algo importante ahora es estable. Este número aparece cuando has alcanzado un nivel de éxito. El número 5 representa la inestabilidad y el cambio. Este número representa las luchas y los conflictos que surgen como resultado de un choque de personalidades y perspectivas. También aparece cuando un desafío imprevisto se cruza en tu camino.

El número 6 es el número del alivio después de un período turbulento o agitado. Esta carta representa que los amigos y la familia vendrán a ayudarte y experimentarás estabilidad nuevamente. Esta carta muestra la importancia del apoyo de las personas que te rodean para tu éxito en la vida. El número 7 es el número de la fe y la paciencia. Significa paciencia mientras esperas que tus esfuerzos te traigan el éxito que deseas. Muestra que la paciencia y la fe durante la fase de espera son parte de la creación.

El número 8 representa el progreso y el éxito inminente. El trabajo duro que has realizado durante la fase anterior de los números anteriores está a punto de dar sus frutos. Hay entusiasmo en esta fase porque estás cerca de completar el ciclo que comenzaste desde el 1. El número 9 es el número de la finalización. Muestra que has llegado al final de un ciclo. Tus decisiones y esfuerzos producirán resultados positivos y negativos en esta fase. El número 10 es el final de un ciclo antes de que comience uno nuevo.

Capítulo 3:
El significado de los números en numerología y cómo funcionan los números

Los números son el "combustible" con el que funciona el vehículo de la numerología, por lo tanto, es imposible entender la numerología sin una sólida comprensión de cómo funcionan los números en esta rama. No hay ningún número que sea irrelevante en numerología. Aunque el significado asignado a cada número es diferente de un sistema de numerología a otro, en última instancia, cada número tiene su lugar y significado y tiene poderes esotéricos.

En este capítulo, te llevaré a través de un análisis en profundidad del funcionamiento de los números en la numerología. Aprenderás conceptos como: los números maestros, los números de dos cifras y los números kármicos. También aprenderás sobre los palíndromos y obtendrás explicaciones de por qué sigues viendo los mismos números.

Directrices generales

Comenzaré con los números de un solo dígito y sus características antes de explicar otras combinaciones como los números de dos dígitos y los números maestros. La base de la numerología son los números de un solo dígito, los cuales comienzan en 1 y terminan en 9.

Generalmente, el 1 es un número de liderazgo. Es el número de la creación desde una perspectiva espiritual. Se centra en establecer objetivos y no se distrae fácilmente. Tiene facilidad para conseguir resultados. Sin embargo, suele ser implacable, impaciente, exigente y un amante celoso. El 2 es el más cooperativo de los 9 números de un solo dígito. Es amable, indulgente y gentil. Es resistente y no conflictivo. Sin embargo, puede ser mezquino, celoso y vengativo cuando otros codician lo que le pertenece o lo maltratan.

El 3 es creativo y tiene un talento extraordinario. Una carrera artística es el mejor destino para este tipo de personas. Tiene ingenio y excelentes habilidades sociales. Sin embargo, es superficial y siempre quiere ser el centro de atención. El 4 es estable y fuerte. Es fiable, paciente y convencional. Encuentra satisfacción en el progreso personal más que en el reconocimiento público. Prospera en entornos organizados como el militar, pero tiene dificultades en entornos sociales.

El 5 es el más vibrante y amante de la libertad de los números de un solo dígito. Siempre busca el cambio y es implacable. Es atrevido y nunca sumiso. Nunca engañará a su pareja como el 2 y el 6 sin importar la tentación, pero puede romper una relación fácilmente debido a su fuerte voluntad. Se siente libre de salir con cualquiera cuando no está en una relación y le molesta que le digan que se limite a salir en una cita.

El 6 es cariñoso y atento, razón por la que se le llama "el número de la paternidad/maternidad". Es protector, sacrificado y paciente para enseñar.

Sin embargo, es miope y se centra en lo más pequeño, ignorando lo más grande. El 7 es filosófico, ya que le gusta buscar y escudriñar hasta descubrir la verdad. No se toma nada al pie de la letra y valora mucho el pensamiento crítico. Sin embargo, no es honesto y a menudo opina.

El 8 hace hincapié en la carrera, los negocios y el poder. Es un ecualizador kármico que crea y destruye con facilidad. Es generoso y está dispuesto a asumir riesgos. Sin embargo, puede ser intolerante, agresivo y codicioso. El 9 es especial desde el punto de vista matemático. Esto se debe a que, si multiplicas cualquier número por nueve, la suma del resultado de la multiplicación te dará 9.

Por ejemplo, si multiplicas 9 por 5, obtendrás 45. 4 más 5 te da 9. Puedes probarlo con otros números. Desde el punto de vista de la numerología, el 9 tiene conciencia global; no ve diferencias entre su vecino y alguien que vive en una cultura diferente. Es el más tolerante y menos crítico de los nueve números de un solo dígito. Sin embargo, el 9 puede ser apático, arrogante y frío. También puede ser egoísta e inmoral.

Números de dos dígitos

Cada dígito tiene sus propias características y rasgos de personalidad. Sin embargo, a veces, un número de un solo dígito puede ser el resultado de la combinación de números de dos dígitos. Tales combinaciones suelen alterar un poco los rasgos de personalidad del número de un solo dígito. Por ejemplo, el número 7 puede basarse en 70, 61, 52, 43, 34, 25, o 16.

Sin embargo, hay situaciones en las que el cambio puede ser muy dramático en el caso de un número Maestro o un número de la deuda kármica. Siempre es bueno incluir en la carta numerológica un número de un dígito que esté basado en un número de dos dígitos. Por ejemplo, si un 7 está basado en 52, debe escribirse como 52/7 y si está basado en 43 entonces será 43/7. Las características de un número de dos cifras se basan en las de un número de una cifra.

El número de dos cifras conservará algunas de las características del número de una cifra y disminuirá algunas de sus características. Sin embargo, nunca elimina totalmente las propiedades del número de una cifra. Por ejemplo, un 7 basado en 34 es más creativo que cualquier otro 7, mientras que un 7 basado en 16 es más retraído que un 7 basado en 25. Los números que pueden dividirse por 10 sin resto, como 20 y 70, refuerzan las características. Por ejemplo, un 50 es una octava alta 5, y un 60 es una octava alta 6.

Un 10 de dos cifras es una octava alta 1; refuerza las características del número 1. Esto implica que la persona será un líder poderoso con un enfoque agudo que inspira éxito. Estas personas pueden ser despiadadas en la consecución de sus objetivos y tienen tendencia a convertirse en tiranos. El número 12 es muy creativo, poco convencional e individualista. Suelen tener poca capacidad para gestionar el tiempo y no saben trabajar en equipo.

Las personas con un número 24 de dos cifras se sienten cómodas y son expertas en consolar y aconsejar a los demás. A menudo les gusta tocar instrumentos musicales, con especial interés por la percusión. Suelen ser inestables en las relaciones y pueden ser un poco chismosos. No podrán prosperar en ausencia de un entorno sólido y estable. El número 25 sobresale en el liderazgo espiritual. Es el más cooperativo de todos los 7, pero puede ser autoindulgente y demasiado serio. A veces les resulta difícil compartir sentimientos y tienen una vena inquieta.

El 28 de dos dígitos es un 10, pero más tolerante y compasivo. Es un número guerrero, más decidido y ambicioso que los otros 10. El 30 es un 3 de octava alta dotado de habilidades de comunicación y creatividad. Es un poco superficial, pero a la vez cálido y posee un buen sentido del humor. Sin embargo, se distrae fácilmente y carece de resiliencia y consistencia.

El 31 es más divertido y extrovertido que los otros 4. También son más creativos que otros 4, pero a menudo tienen problemas en las relaciones. Una razón clave de sus problemas de relación es su falta de fidelidad. No se puede confiar en que mantengan su compromiso con sus amigos y parejas a largo plazo.

Números maestros

Todos los números tienen un significado importante en numerología. Sin embargo, los expertos en numerología creen que algunos números son más especiales que otros. Estos números se conocen como **"números** *maestros"*. En numerología, hay tres números maestros– 11, 22 y 33. Estos números no sólo son poderosos; tienen un potencial adicional porque son combinaciones de dos números.

Las personas que tienen números maestros en su fecha de nacimiento o nombre son talentosas y poseen atributos especiales que las hacen diferentes de otras personas. Estas personas son inusualmente inteligentes y poseen una intuición más agudizada. Cada uno de los números maestros tiene su propio significado y atributos que lo acompañan.

El número maestro 11 es el más intuitivo entre los números maestros. Este número se conoce a menudo como el número maestro del *"alma vieja"*. Las personas con este número maestro tienen una conexión inusual con su subconsciente y su instinto. Poseen una percepción poco común y tienen la capacidad de lidiar con situaciones delicadas con una calma inusual. Suelen ser relajados en su enfoque de las situaciones estresantes, lo que hace que los demás dependan de ellos para inspirarse.

Las personas con este número maestro son profetas, clarividentes y psíquicos. La empatía y el respeto son atributos fuertes que las personas con este número maestro poseen en abundancia. El atributo negativo de este número maestro es que estas personas corren el riesgo de experimentar miedo y ansiedad si no son capaces de concentrar sus esfuerzos en una tarea en particular. Las personas populares con este número maestro incluyen a Michael Jordan, Chetan Kumar, Edgar Allan Poe, Madonna, Orlando Bloom y Gwen Stefani.

El número maestro 22 también se denomina *"el maestro constructor"*. Las personas que poseen este número maestro tienen una capacidad inusual para alcanzar las metas establecidas. Poseen la intuición agudizada de las personas con el número maestro 11, pero son más disciplinadas y prácticas. Estas personas suelen tener grandes planes, un potencial enorme y grandes ideas. Tienen una alta autoestima y habilidades de liderazgo, que son los ingredientes necesarios para el éxito. Este número maestro se asocia con grandes pensadores que fueron capaces de desarrollar su potencial. Estas personas saben cómo hacer realidad sus sueños. A menudo florecen temprano y obtienen resultados sobresalientes. El rasgo negativo de las personas con este número maestro es que algunas de ellas carecen de la capacidad práctica para desarrollar su indudable potencial. Las personas populares con este número maestro incluyen a John Kerry, Hu Jintao, Leonardo Da Vinci y Will Smith.

Al número 33 también se le denomina *"el maestro"*. Las personas con este número son raras, ya que es el número más influyente y poderoso. La razón del inmenso poder e influencia de este número maestro es que también contiene los números maestros 11 y 22. Por lo tanto, cualquiera que tenga el número maestro 33 es una mejora de los dos números maestros antes mencionados.

Las personas con el número maestro 33 no tienen ninguna ambición propia; su ambición es provocar una elevación espiritual de toda la humanidad. Estas personas muestran una devoción total con una visión y comprensión inusuales sin comparación. Están más preocupados por los proyectos humanitarios y se abocarán totalmente a ellos.

Este tipo de personas son tremendamente informadas de una forma poco habitual. Sin embargo, pueden ser muy emocionales y tienden a tener explosiones de ira. Entre las personas populares que poseen este número maestro se encuentran Thomas Edison, John Lennon, Albert Einstein, Robert De Niro, Francis Ford Coppola, Salma Hayek y Stephen King.

Números de la deuda kármica

En numerología, tú eres percibido como un ser espiritual que encarna en la Tierra con el propósito de avanzar hacia un estado superior de iluminación y conciencia. Tu largo viaje evolutivo te ha proporcionado un montón de sabiduría de tal manera que has tomado muchas decisiones correctas que tendrán beneficios en el futuro. Del mismo modo, también has tomado decisiones equivocadas, por lo que tendrás que asumir una carga adicional para compensar las lecciones que no aprendiste en tus vidas anteriores. Esta carga es lo que en numerología se conoce como **"deuda kármica"**.

Los números que muestran que tú tienes una deuda kármica incluyen el 13, 14, 16 y 19. La importancia de estos números de dos dígitos cuando se encuentran en tu "camino de vida", personalidad, o cumpleaños es enorme. Cada uno de estos números de deuda kármica tiene sus propios retos y características peculiares. Por ejemplo, aquellos con la deuda kármica número 13 se esforzarán mucho para lograr cualquier tarea. Suelen tener obstáculos que se interponen en su camino y que tienen que superar repetidamente. Tal persona encontrará la frustración como algo común y se verá tentada a abandonar debido a la naturaleza casi imposible de la tarea a realizar.

Estas personas suelen ser perezosas y pesimistas ante la vida, pero para ellas el éxito no es realmente imposible. Sólo tienen que trabajar duro y centrarse en lograr el éxito en la tarea que se les presente. La razón por la que algunas personas con la deuda kármica número 13 fracasan en la vida es que no son capaces de enfocarse en un objetivo específico. Su energía y sus recursos están dispersos en varios proyectos, de tal manera que terminan por no tener éxito en ninguno. Estas personas tendrán la tentación de tomar atajos, pero a menudo se queman los dedos y pueden recurrir a la autocompasión.

La deuda kármica número 14 es producto del abuso de la libertad humana en vidas anteriores. Por lo tanto, estas personas no tienen más remedio que adaptarse a circunstancias inestables y acontecimientos imprevistos. Corren el peligro real de convertirse en drogadictos y de ser incapaces de controlarse cuando se les tienta con el sexo o la comida. Las personas con este número de deuda kármica tienen que fortalecer la cortesía y la modestia para evitar irse por el alcantarillado en la vida. El orden y la estabilidad emocional también son cruciales para mantener la concentración durante esos periodos de cambio para estas personas.

La deuda kármica número 16 apunta a la eliminación de lo viejo y al nacimiento de lo nuevo. Este número de deuda kármica es como una limpieza para eliminar todo lo que se ha construido para separar a la persona de la fuente de la vida. Tales personas tienen luchas personales con su ego y la voluntad divina. El gran plan de las personas con este número de deuda kármica se desmorona de tal manera que eventualmente aprenden a ser humildes para alcanzar el verdadero éxito a largo plazo. Durante esta ruina tiene lugar un renacimiento espiritual y personal. Estas personas suelen menospreciar a los demás debido a su refinado intelecto, pero eso les llevará a pagar un alto precio para hacerse humildes.

La deuda kármica número 19 apunta al aprendizaje del uso adecuado del poder y la independencia. Las personas con este número de deuda kármica se verán obligadas a defender lo que creen. Se enfrentarán a dificultades, pero las superarán con valentía y determinación. Estas personas tienden a rechazar los intentos de los demás por ayudarles debido a su tendencia a encerrarse en una prisión autoimpuesta. Les cuesta aceptar la necesidad de amor mutuo e interdependencia. Acabarán aprendiendo por las malas que solos no pueden triunfar en la vida.

Números que se repiten

Los números que se repiten, como el 111, el 222, el 333, el 444 o el 555, tienen significados interesantes en numerología. Cada número que se repite tiene su propia característica y significado. Por ejemplo, el 111 es una llamada de atención del universo. Cuando tomes nota de este número, haz una evaluación adecuada de tu vida y de tu enfoque de las cosas. Este número es positivo porque muestra que estás en el camino correcto en la vida. Es una forma del universo, que te anima a seguir adelante porque el éxito está a tu alcance. Sin embargo, debes tener cuidado con el exceso de confianza porque estar en el camino correcto no significa que ya hayas llegado a tu destino.

El 111 también implica que tienes la capacidad de aportar significado y felicidad a las personas que te rodean. Tú tienes el don de inspirar a los demás y ayudarles a alcanzar sus sueños en la vida. Por lo tanto, cuando veas que este número aparece en tu vida, mantente consciente de la forma en que vas por la vida y continúa por ese camino. Sin embargo, sé también deliberado a la hora de ayudar a los demás a encontrar el camino correcto en la vida mientras tú sigues tu camino.

El 2 es el número de las relaciones y las asociaciones. Por lo tanto, 222 es un llamado de atención para que estés atento al tipo de personas que permites que influyan en ti. Es una llamada de atención del universo que te dice que tu alma gemela está cerca si aún no la tienes. Significa que debes valorar a las personas que te rodean y reconectarte con tus viejos amigos. También puede significar que necesitas abrirte más para tener nuevos amigos que te resulten beneficiosos. Si ya estás en una relación cuando comienzas a ver esta secuencia de números, significa que debes tener cuidado porque la relación es importante y te aferras a ella.

El 333 es un número de trinidad que te indica que debes alinear tu mente, cuerpo y alma. Es el universo que te dice que un aspecto de tu vida también necesita atención y solución. Puede ser que hayas estado demasiado ocupado para prestar atención a las necesidades de tus seres queridos últimamente. También puede significar que estás prestando demasiada atención a una nueva relación, de modo que estás descuidando otras cosas importantes de tu vida.

El 444 es un número que significa que debes prestar atención a las personas de tu círculo íntimo porque "4" es el número del hogar y la familia. Si sigues viendo este número, debes considerar pasar tiempo de calidad con tus amigos y familiares más cercanos. Es un número que también indica que recuerdes tus raíces. Es posible que te estés perdiendo algunas lecciones fundamentales que te hicieron quien eres. También puede significar que necesitas cambiar la atmósfera de tu hogar para que sea más positiva.

El 555 es el universo que te señala el hecho de que tienes suficiente impulso para avanzar en una nueva dirección. Muestra que debes estar atento a nuevas oportunidades y asegurarte de estar bien posicionado para aprovecharlas. Este número muestra que no debes resistirte al cambio porque ha llegado el momento adecuado para avanzar en una nueva dirección. En caso de que hayas estado esperando hacer algo nuevo, debes estar preparado para hacerlo cuando este número siga apareciendo.

Palíndromos

Los palíndromos son números, oraciones o palabras que se leen de la misma manera, ya sea hacia adelante o hacia atrás. Incluyen números como 11, 44, 77, 111, 131, 151, 161, 202, etc. Puedes encontrar algo como 6:26 26% en la pantalla de tu computadora o $47.74 como el precio de un producto que deseas comprar. Estos números tienen significados psíquicos. Estos números son números de ángel, que tu ángel usa para llamar tu atención. Si puedes prestar atención a estos palíndromos, la misión del ángel estará cumplida. No debes tomar estos números a la ligera porque tienen significados espirituales importantes para tu pasado, presente y futuro.

Tu guía espiritual, que está asignado para ayudarte a navegar por la vida sin problemas, usa palíndromos para comunicarse contigo. Las respuestas que estás buscando sobre la próxima dirección en tu vida con frecuencia están a tu alrededor. Si sólo prestas más atención a los detalles, vivirás una vida más significativa y plena. Un palíndromo como el 777 es el universo que te dice que debes hacer más que leer libros, sino practicar lo que has estado aprendiendo. El 999 indica la finalización de un ciclo particular de eventos en tu vida.

Sigo viendo los mismos números - ¿Qué significa?

El universo tiene una forma interesante de comunicarse con nosotros a través de los números. Puedes encontrarte viendo números repetidos en trozos de papel, una valla publicitaria o un código postal. Estos números repetidos son indicadores de que algo divino está sucediendo en tu vida. Si a menudo encuentras una secuencia de números repetidos en tu vida, debes tomar nota.

El número puede ser de un solo dígito, de dos dígitos o palíndromos. Independientemente del número o la secuencia, es una señal de comunicación divina. Tu guía espiritual está tratando de dirigir tu atención hacia algo particular en tu vida. Puede ser una parte de tu vida que estás descuidando o una parte de tu vida a la que le estás prestando demasiada atención. Los numerólogos ayudan a interpretar estos números para que puedas tener una comprensión clara del mensaje que el universo te envía.

Cuanto antes le prestes atención a estos números, mejor será para ti. Cometerás menos errores en tus relaciones, tu familia y tu carrera profesional si comprendes bien el mensaje que te envía tu guía espiritual. Las grandes cosas de la vida están en esos simples detalles y secuencias numéricas. Los tontos descartan estos números como meras "coincidencias", mientras que las personas sabias profundizan más para responder al intenso esfuerzo que el universo hace por llegar a ellos.

Números interesantes: 23, 44, 666

Números como el 23, el 44 y el 666 son interesantes en numerología por su significado peculiar. Las personas que tienen el 23 como número central aman a la gente y se comprometen a promover una buena causa. Suelen ser luchadores por la libertad y son los más creativos de los 5. Sin embargo, tienen tendencia a ser realistas y a abandonar cuando las cosas se ponen difíciles.

El 44 es un número de poder. Es excelente para las personas que quieren hacer carrera en el ejército o tener una franquicia de negocios. Estas personas son visionarias y siempre se aseguran de alcanzar los objetivos que se proponen. Ven oportunidades donde otros tienen dificultades y tienen una resistencia inusual, especialmente cuando las cosas se ponen difíciles. No les asustan los retos y les gusta asumir riesgos. Pueden pensar con rapidez y tienen la visión de futuro para construir algo que perdure a largo plazo. Se fijan objetivos realistas y son prácticos en su intento de alcanzarlos. No son simples soñadores, sino que se esfuerzan al máximo por alcanzar sus sueños.

En la Biblia, 666 es el número de la Bestia o del Diablo. Por lo tanto, si ves este número repetidamente, debes tener cuidado porque significa que algo maligno está a la vuelta de la esquina. El 666 es también el número de la vida y de la humanidad. La base de la vida es el carbono, y tiene 6 electrones, 6 protones y 6 neutrones. En general, el 666 indica que debes tener cuidado con los momentos que se te presentan en ese instante.

Capítulo 4:
Primeros pasos con la numerología
/ Descubrir tu plan personal
de numerología

Lo más grande que te puede pasar en la vida es descubrirte a ti mismo. Una forma muy importante de descubrirte a ti mismo es descubrir tu plan numerológico personal. El conocimiento de los números en tu vida te pone a cargo de ella. Difícilmente te sorprenderán los acontecimientos que se desarrollen en tu vida. Tú podrás prever los acontecimientos y prepararte adecuadamente para ellos. En este capítulo te explicaré las propiedades de los números. También te ayudaré a crear tu perfil numerológico y a leer tu mapa del destino.

Las propiedades de los números

Una de las principales razones por las que el conocimiento del poder sobrenatural de los números parece difícil de alcanzar es que la mayoría de la gente sólo tiene conocimientos basados en conjeturas. La mayoría de las cosas que algunas personas saben acerca de la numerología son meras afirmaciones basadas en la mitología y no en hechos. Por ejemplo, cuando se trata de las propiedades de los números en numerología, algunos aluden erróneamente que hay "números buenos" y "números malos".

En otras palabras, estas personas creen que hay números cuyas propiedades son positivas, mientras que hay números cuyos atributos son negativos. Algunos afirman que el número "13" es un número de mala suerte. Como consecuencia de esta creencia, algunos no dejan que sus edificios tengan el piso 13, mientras que otros son muy pesimistas respecto al día 13 de cada mes. Creen que ese día les ocurrirá algo malo a ellos o a sus seres queridos.

En el popular escenario de la "Cena del Señor", algunos señalarán el hecho de que hubo 13 participantes en la famosa cena. Uno de los 13 participantes, Judas, fue el que traicionó a Jesús. Por lo tanto, algunos ven esto como una prueba más de que el 13 es un número de mala suerte, que significa que la paridad está al acecho a la vuelta de la esquina. ¿Es realmente cierta esta afirmación? ¿Es el 13 un número de mala suerte? La respuesta está en la verdadera comprensión de las propiedades de los números en numerología.

En numerología, 13 es un "4" porque la suma de 1 y 3 dará 4. En última instancia, 13 es uno de los números de la deuda kármica. Al igual que otros números de la deuda kármica, es un número que indica que el individuo se esforzará mucho para realizar cualquier tarea. Muestra que la persona tendrá obstáculos y encontrará frustración a menudo y estará tentada a rendirse. La razón de esto es que será como si fuera imposible tener éxito en la tarea que tienen que lograr. Las personas que tienen el 13 en sus números centrales pueden ser pesimistas y despreocupadas ante la vida. Sin embargo, estas personas pueden tener éxito y alcanzar sus sueños en la vida si tienen determinación y trabajan duro. Podrán tener éxito si se centran en tareas específicas en lugar de saltar de un proyecto a otro. Por lo tanto, el 13 no es un número de mala suerte. Todo depende de la persona que tiene el número como parte de su número central para esforzarse duro para lograr el éxito a pesar de las dificultades. Supongo que te sentirás aliviado si eres una de esas personas.

Contrariamente a la opinión popular, no es cierto que algunos números sólo posean atributos positivos, mientras que otros sólo poseen atributos negativos. En numerología, todos los números, excepto el cero, tienen propiedades positivas y negativas. El cero es un estado de la nada; por lo tanto, no posee atributos positivos o negativos por sí mismo en numerología.

Cualquier número que aparezca en tus números básicos, como el número del destino o el número de camino de vida, posee atributos tanto positivos como negativos. No hay nada escrito en piedra en numerología. En otras palabras, las propiedades positivas o negativas de cualquier número o secuencia de números que aparezcan en tu número básico no se darán en tu vida automáticamente. En otras palabras, eres tú quien decide si experimentarás los atributos positivos de tus números básicos o los negativos.

Por lo tanto, la numerología no es una práctica mágica que te asigna un futuro inmutable. De hecho, necesitas descubrir el significado de tus números básicos para poder modificar y cambiar los eventos que rodean tu vida. A través del cambio de nombre, por ejemplo, puedes alterar las experiencias de tu vida porque tu nombre contiene el "código" que determina tu talento y rasgos de personalidad.

Cómo crear un perfil de numerología y cumplir tus planes futuros

La numerología es tal que puedes convertirte en un experto por ti mismo. Puedes interpretar el significado de los números en tu vida y también el de los demás a tu alrededor. No necesitas ser un gran maestro o gurú matemático ni obtener un título en matemáticas para saber el significado de los números en tu vida. Todo lo que necesitas es el deseo de aprender y explorar. Una vez que tu corazón esté decidido a aprender y hacer cambios en tu vida y en la de los demás, estarás listo para empezar.

Los números importantes en tu vida incluyen tu número de "camino de vida", el número del "destino" y el número de la "suerte". Sin embargo, el número más importante en tu lectura numerológica es tu número de camino de vida. Tu camino de vida es el camino que recorres. Es la "ruta" que explica las oportunidades y desafíos únicos que se te presentarán en la vida. Tu camino de vida dice mucho sobre tu personalidad y la mejor trayectoria profesional para ti.

Puedes obtener tu número de camino de vida mediante la simple suma del día, mes y año de tu nacimiento. El día en que naciste fue el día en que tomaste consciencia. Comenzaste una nueva vida, y todo lo que necesitas para convertirte en todo lo que deberías ser ya es parte de tu ADN. Por lo tanto, cada oportunidad y desafío de tu vida está incrustado en tu fecha de nacimiento. Si estás familiarizado con la astrología, un número de camino de vida se parece más a los signos del Zodíaco que encontrarás en el libro de signos de las estrellas.

Si tu fecha de nacimiento es el 7 de julio de 1995, por ejemplo, tu número de camino de vida será 2. ¿Cómo? El mes de julio es el séptimo mes del año; por lo tanto, estará representado por el número 7. Cada número del año de nacimiento se sumará junto con el día y el mes para obtener tu número de camino de vida. Primero obtendrás un número de dos dígitos, que debe reducirse aún más para obtener un número de un solo dígito. El cálculo es el siguiente:

$7 + 7 + (1 + 9 + 9 + 5)$

$= 14 + 24$

= 38

38 debe reducirse aún más para obtener un número de un solo dígito.

3 + 8

= 11

= 1 + 1

= 2

En una tabla numerológica, hay once números, que son 1, 2, 3, 4, 5, 6, 7, 8, 9, 11 y 22. Cualquier número que sea mayor que estos números se suma y se reduce a uno de estos números. Cuando vives tu vida dentro de los parámetros de tu número de camino de vida, te sentirás lleno de energía y en el camino correcto. Sin embargo, cuando estás fuera de los parámetros de tu número de camino de vida, te sentirás frustrado y no podrás registrar ningún éxito significativo.

El siguiente es tu **"número de expresión"**. Este número se deriva de la suma de los valores asignados a tu nombre de nacimiento. Este número indica tus expresiones en la vida y el mejor camino profesional para ti. Otro número al que debes prestar atención es tu **"número de motivación"**. Este número también se llama el **número de impulso del alma**. Este número se refiere al mayor deseo de tu alma. Te señala la dirección de lo que debes convertirte en la vida para alcanzar la plenitud. El número de tu impulso espiritual se obtiene sumando todas las vocales de tu nombre completo.

El **número de tu destino de vida** se refiere a las cosas que necesitas lograr para sentirte realizado en la vida. Se obtiene sumando todos los números de tu nombre completo de nacimiento. Tu **número personal de la suerte** se refiere al número que te traerá suerte en toda tu vida. Este número es constante y no cambia en ningún momento de tu vida. Debes tener cuidado porque tu número personal de la suerte no indica que sucederá algo positivo cada vez que lo veas. Sólo implica que tus posibilidades de obtener un resultado positivo son altas cuando lo veas. Tu número personal de la suerte es tu número de camino de vida.

Lectura del mapa del destino (Más sobre ti)

Todas las sociedades tienen estructuras en las que encajan a todos los individuos. Estas estructuras pretenden dar una identidad y un lugar en la vida tanto a las personas presentes como a las que aún no han nacido. Desafortunadamente, muchas personas son celebradas por su capacidad de encajar perfectamente en estas estructuras. Sin embargo, al encajar en estas estructuras, muchos han perdido su verdadera identidad. Una de las peores cosas que le puede pasar a una persona es hacer eficazmente bien lo que no debería haber hecho nunca.

Muchas personas logran lo que muchos codician en la vida, pero se sienten tan vacías al final del día. Sienten que podrían haber hecho más y mueren lamentando no haber sido capaces de descubrir esas cosas que les faltaban. La verdad es que no tienes que esperar hasta el final de tu vida para descubrir tu verdadera identidad. Afortunadamente, la numerología te ofrece un "mapa" hacia tu destino. Las cartas numerológicas son las hojas de ruta donde se desvelan tu singularidad, tu identidad y tus puntos débiles.

Las cartas numerológicas te ofrecen la herramienta para responder a esas preguntas difíciles sobre tu vida. Tú siempre has sabido que en tu vida hay más de lo que parece. Sabes que eres un ser único y que tienes habilidades que esperan a ser descubiertas, pero el conocimiento a veces parece difícil de alcanzar. Conocer tus números básicos pone fin a esta búsqueda casi interminable sobre quién eres tú. Todo lo que parece oculto sobre tu personalidad y las decisiones que debes tomar para dar un giro a tu vida está más cerca de lo que imaginas.

La numerología se trata de conocerte a "ti". No puedes afirmar que te conoces cuando no tienes ni idea de la trayectoria profesional que más te conviene o del tipo de persona que más te conviene. Tu conocimiento de ti mismo no está completo cuando no conoces tus puntos fuertes y débiles. Tu perfil numerológico está completo cuando conoces tu número de camino de vida, tu número del impulso del alma y tu número de expresión.

En otras palabras, te has dotado de todas las armas que necesitas para ir por la vida con éxito. Revisar la carta numerológica para comprender los números importantes en tu vida es tu boleto de entrada a tu mundo interior. Una vez que conozcas el camino que el universo ha trazado para ti y tus dones, serás imparable. Tendrás mayor claridad y sabrás la dirección exacta que necesitas tomar en la vida.

Conocer todos los números centrales de tu vida puede ayudarte a convertirte en un nombre conocido y alcanzar un éxito sin precedentes. Sin embargo, no siempre alcanzarás la fama y mucha riqueza. No obstante, una cosa es segura: no acabarás tu vida deseando haberla vivido de otra manera. La incertidumbre y la frustración, habituales en la vida de muchos, estarán lejos de ti. Estarás convencido de que estás viviendo tu vida como se supone que debes vivirla.

La fama y la riqueza son buenas, y todos deseamos tenerlas. Sin embargo, la felicidad y la realización en la vida son más importantes que la riqueza y la fama. De qué sirve ser rico y famoso si no eres feliz o no te sientes realizado. No tiene sentido vivir una vida para que los demás sean felices y estén orgullosos de ti, pero tú te sientes vacío. Por lo tanto, debes estar contento con el hecho de que el conocimiento de tu destino, fortalezas y debilidades te dará una ventaja para vivir una vida feliz y plena.

Es asombroso saber que no tienes que pagar a un psíquico o a un experto en numerología para averiguar todo lo que necesitas saber sobre ti mismo. La numerología es tal que cualquier información que necesites está a tu alrededor siempre y cuando busques en la dirección correcta.

Capítulo 5:
Tu número de nacimiento

Uno de los números más importantes en tu vida en la numerología es tu número de nacimiento. A través de tu número de nacimiento, se pueden revelar muchas cosas importantes en tu vida, como tu personalidad, trayectoria profesional, elección de relaciones, ubicación y negocios. Tu número de nacimiento es un código que dice mucho de ti. Si crees que el día en que naciste fue una mera coincidencia, te equivocas. Las personas que nacieron rodeadas de acontecimientos desafortunados a menudo se sienten producto de los errores de sus padres.

Sin embargo, cada error es una bendición disfrazada. Tú no has nacido por error, aunque lo parezca. La comprensión de lo que tu número de nacimiento revela sobre ti te permitirá ver lo verdaderamente único y especial que eres. Por eso, en este capítulo, te ayudaré a comprender lo que tu número de nacimiento revela sobre ti y cómo eso te ayudará a apreciar tus puntos fuertes y a aceptar tus puntos débiles.

Análisis de la fecha de nacimiento

Tu fecha de nacimiento contiene información sobre ti que te hace diferente de otras personas. Tu propósito en la vida se encuentra dentro del código de tu fecha de nacimiento. No es descabellado si eres una de esas personas que en la vida buscan comprender la razón por la que viven. La vida trata de expresar la razón de vivir. La inteligencia para ser está dentro de esa razón. Todo lo que una semilla necesita para crecer y convertirse en un árbol poderoso está dentro de la propia semilla. De la misma manera, todo lo que necesitas para convertirte en esa mujer o ese hombre que estás destinado a ser está dentro de ti.

Para todo en la vida, hay un propósito. Cada cambio de estación tiene sus ventajas y desventajas. A muchas personas no les gusta el otoño por la temperatura, pero esa es la época de la cosecha de muchas frutas y verduras. De la misma manera que cada inventor tiene algo en mente para su invento, tú también estás en la tierra para cumplir un propósito. Afortunadamente, el universo no nos ha ocultado este conocimiento crucial sobre nuestro propósito en la vida.

Lo que necesitas para cambiar la dirección de tu vida y vivir una vida feliz y plena se encuentra en la comprensión de quién eres. Tu fecha de nacimiento es el día en que comenzaste a vivir cuando tomaste tu primer aliento. Esta contiene información sobre tu propósito de vida y el poder que hay en ti. El propósito de tu vida es llamado **camino de nacimiento** por los cabalistas (personas que practican el sistema de numerología cabalístico).

El propósito revelado por tu camino de nacimiento contiene las cualidades que llevas incorporadas y que debes desarrollar a través del pensamiento. También contiene el éxito y los ideales que debes alcanzar. Tus rasgos de personalidad, que son una combinación de tus fortalezas y limitaciones, también se revelan en tu fecha de nacimiento.

Tu fecha de nacimiento revela tus talentos naturales

En general, tu fecha de nacimiento determina tu número de **camino de vida**. Este número revela tus talentos naturales. Hay habilidades que se adquieren mediante el aprendizaje, pero hay otras que son inherentes. Es posible que no descubras estas habilidades hasta que estés en condiciones de usarlas. A veces, las descubres cuando estás bajo presión para actuar.

Sin embargo, no tienes que esperar hasta que estés bajo presión para descubrir tus talentos naturales. Puedes conocer tus talentos naturales conociendo tu número de camino de vida. Cada número de camino de vida tiene sus propias peculiaridades. Una vez que conozcas el tuyo y tus talentos naturales, simplemente buscarás oportunidades para mostrarle al mundo lo que puedes hacer.

Cuando tengas una carrera que esté en consonancia con tus talentos naturales, tu trabajo se volverá divertido. No estarás bajo presión innecesaria para desempeñarte porque sólo estás expresándote. Muchas personas luchan para lidiar con el trabajo hoy en día porque están en una carrera que no les da la capacidad de expresar sus talentos naturales. Imagina que Lionel Messi es un orador motivacional; lo más probable es que no pueda lograr la misma fama que tiene jugando al fútbol. Por lo tanto, necesitas conocer tus habilidades naturales conociendo tu número de camino de vida.

Calculadora de significado de nacimiento de numerología

Hay varios sitios que pueden ayudarte a calcular tu número de camino de vida. Sin embargo, no necesitas pagarle a nadie para iniciar sesión en ningún sitio antes de poder saber tu número de camino de vida. Puedes calcularlo siguiendo un procedimiento simple. Para calcular tu número de camino de vida, sumarás el día de tu nacimiento al mes y luego al año. Por ejemplo, si naciste el 5 de noviembre de 1992, tu número de camino de vida se calculará de la siguiente manera:

$5 + 11 + (1 + 9 + 9 + 2)$

$= 16 + 21$

$= 37$

Tendrás que reducir el número de dos dígitos anterior a un número de un solo dígito sumando los dos números. En otras palabras, sumarás el 3 y el 7, lo que te dará 10. Además, sumarás el 1 y el 0, lo que te dará 1. Por lo tanto, el número de camino de vida de alguien nacido el 5 de noviembre de 1992 es 1. Sencillo, ¿no? ¡Puedes probar el tuyo ahora!

¿Qué revela tu nacimiento sobre ti?

Ahora que sabes cómo calcular tu número de camino de vida, es más importante que conozcas los talentos naturales que te aguardan según tu número de camino de vida. A continuación, se muestran los talentos naturales que posees como resultado de tu número de camino de vida:

Número de camino de vida 1

Estás orientado a los resultados y eres un líder natural. Tienes una fuerte afinidad por la autonomía y la independencia. Tu naturaleza ambiciosa se ve respaldada por tu disciplina y determinación para lograr tus sueños. Nunca le temes a los obstáculos y "comes" el riesgo por diversión. Tu coraje y resiliencia harán que los demás te vean como una fuente de inspiración en tiempos difíciles.

Eres increíble donde existe la necesidad de tomar decisiones difíciles con calma. Debes tener cuidado con la tendencia a querer siempre encasillar a los demás y someterlos a tu opinión. Esa tendencia puede convertirte en una *prima donna* que siempre tendrá dificultades con la dinámica de grupo.

Número de camino de vida 2

Tú eres desinteresado y afectuoso por naturaleza. Eres tierno y cariñoso y siempre buscas mantener las relaciones. Eres un diplomático natural y estás dispuesto a hacer concesiones para mantener el ambiente sano de cualquier relación. Debes tener cuidado y evitar que tus emociones se interpongan siempre en tus decisiones. Tú también serás un blanco fácil para las personas que siempre quieren que las cosas salgan a su manera, incluso cuando están equivocadas. Por lo tanto, tú necesitas añadir algo de "picardía" a tu ternura.

Número de camino de vida 3

Eres creativo, optimista y te encanta divertirte. Tu capacidad para pensar con originalidad y ver lo que otros no ven es impresionante. Tu energía implacable es notable y puede disolver la energía negativa con tu estallido de vida. Tu entusiasmo es contagioso y la gente siempre acudirá a ti para que aligeres el ambiente en situaciones tóxicas. Debes tener cuidado con ser demasiado "juguetón" cuando necesitas ser serio. Todo juego y nada de trabajo no es beneficioso, y tienes que tener cuidado de no quedar atrapado en esa telaraña.

Número de camino de vida 4

Te resulta fácil mantener la disciplina personal y ceñirte a una estructura. Llevar una vida sana es fácil para ti porque te resulta sencillo obedecer reglas estrictas, como un régimen de higiene. Quieres vivir una vida sencilla, y eso puede hacer que casi no tengas ninguna ambición seria. No te gusta correr riesgos, y necesitas equilibrar esta tendencia. Necesitas empujarte a tomar riesgos calculados de vez en cuando.

Número de camino de vida 5

Tienes una sed insaciable de libertad. Eres aventurero y te encanta correr riesgos. Siempre estás en movimiento y eso te hace luchar contra las estructuras. Tu deseo de cosas nuevas es la base de tu creatividad sin límites. Sin embargo, necesitas encontrar una estructura que funcione para ti porque necesitas un nivel de disciplina para liberar tus potenciales.

Número de camino de vida 6

Eres responsable y te encanta cuidar y hacer crecer cosas o personas. Eres un maestro natural y meticuloso a la hora de transmitir tus ideas a la gente. Eres un buen enlace para conectar a la gente debido a tu capacidad de mediación y reconciliación. También debes prestar atención a tus propias necesidades. Será perjudicial que dediques todo tu tiempo a satisfacer las necesidades de los demás e ignores totalmente las tuyas.

Número de camino de vida 7

Tu capacidad imaginativa es magnífica, lo que te hace ser creativo. Eres introspectivo y reflexivo en tu enfoque de la vida. Eres intuitivo y pareces capaz de responder a preguntas difíciles. Sin embargo, debes tener cuidado de ser racional a veces y no moverte siempre en la dirección de tu instinto.

Número de camino de vida 8

Tienes una fuerte afinidad por el poder y la riqueza, y los obtendrás cuando trabajes duro para conseguirlos. Tienes dentro de ti la capacidad de tener gran influencia y riqueza. Sin embargo, debes tener cuidado de no ser demasiado materialista. Debes evitar sacrificar tus relaciones por recompensas materiales. Tú también debes tener cuidado de no estar demasiado desesperado por el poder. No está mal permitir que alguien que crees que hará un mejor trabajo tome el mando en lugar de ti.

Número de camino de vida 9

Eres compasivo y tolerante por naturaleza. Eres complaciente y aceptas a la gente. La gente siempre querrá hablar contigo porque los escucharás y comprenderás. Tienes que asegurarte de no ser demasiado confiado y aprender de cada nueva experiencia.

Capítulo 6:
Revela el significado que hay detrás de los números de tu vida

Significado de los nombres

Los números de tu vida son indicadores del mensaje del universo para ti. En ellos se esconden tus características únicas y cómo será tu viaje en la vida. En este capítulo te explicaré cómo puedes traducir tus nombres en números. ¿Por qué? Los números de tus nombres revelan tu personalidad y tu capacidad. Podrás saber si estás en la mejor profesión para ti cuando conozcas estos números.

También te ayudaré a saber qué números de lotería debes elegir, lo que aumenta tus posibilidades de éxito. También hablaré de tu número de teléfono de la suerte y de los 5 números principales que pueden favorecer que sucedan acontecimientos afortunados en tu vida.

Traducir nombres a números

Cuando no se conoce el propósito de una cosa, el abuso de esa cosa es sólo cuestión de tiempo. Tus nombres son los "códigos" con los que se escriben los acontecimientos que se te presentan en la vida. Tu nombre completo, tal y como aparece en tu partida de nacimiento, es tu **número de expresión**. Las vocales de tu nombre revelan tu **número del impulso del alma**, mientras que tu apellido revela el tipo de influencia que tu familia tiene en tu vida. Cada uno de estos números desempeña un papel importante tanto en tu presente como en tu futuro.

Tu número de expresión revela tu talento, tus habilidades, tus debilidades y los obstáculos que probablemente tendrás que sortear en la vida. Este número, como ya te he mencionado, se encuentra en tu nombre completo, tal y como está escrito en tu partida de nacimiento. ¿Por qué? Tu nombre de nacimiento revela tu historia personal anterior al día en que naciste. Tu nombre de nacimiento no es un accidente porque se basa en la intuición de tus padres. Esta intuición se basa en las vibraciones creadas por tu ángel de la guarda alrededor de tus padres.

Es por ello que, cuando finalmente se decidan por los nombres, aunque tus padres ni siquiera sean conscientes, han sido obligados por una fuerza invisible a elegir esos nombres en particular. Por lo tanto, tus nombres de nacimiento son los nombres que tu ángel de la guarda quiere que tengas debido al impacto de esos nombres en el camino que debes seguir para vivir una vida feliz y plena.

Tu número del impulso del alma revela tu mayor deseo. Puede que se oiga extraño porque puede que sientas que sabes lo que más deseas. Sin embargo, la impactante verdad sobre la vida es que la mayoría de las veces, nunca sabrás lo que más deseas hasta que lo encuentres. Algunas cosas que crees que son las más importantes para ti en este momento dejarán de importar cuando encuentres lo que realmente más te importa. Es bueno saber que no tienes que esperar a encontrar esa cosa para saber qué es lo que realmente más deseas. Muchas personas mueren sin haber encontrado lo que más desea su alma.

Afortunadamente, el conocimiento de la numerología te asegura que no tienes que esperar para saber qué es lo que más te importa. Todo lo que tienes que hacer es encontrar tu número del impulso del alma, ¡y ahí lo tienes! ¿Cómo? Sólo tienes que traducir las vocales de tu nombre a un número de un solo dígito, y conocerás tu número del impulso del alma. ¿Cómo puedes hacerlo? Es muy sencillo. Lo primero que necesitas saber es el valor de cada letra de tu nombre. A continuación, están los valores de cada alfabeto en tu nombre:

A, J, S = 1

B, K, T = 2

C, L, U = 3

D, M, V = 4

E, N, W = 5

F, O, X = 6

G, P, Y = 7

H, Q, Z = 8

I, R = 9

Por lo tanto, si tu nombre completo tal y como aparece en tu partida de nacimiento es Abraham Quiroz Jorginho, tu número de expresión se calculará de la siguiente manera:

Abraham = 1 + 2 + 9 + 1 + 8 + 1 + 4 = 26

Quiroz = 8 + 3 + 9 + 9 + 6 + 8 = 43

Jorginho = 1 + 6 + 9 + 7 + 9 + 5 + 8 + 6 = 51

Luego de hacer la suma inicial de cada nombre, procederás a sumar los tres números de dos cifras que has obtenido de la siguiente manera:

$26 + 43 + 51 = 120$

No te detendrás hasta obtener un número de una sola cifra. Por lo tanto, tú reducirás el número a una cifra de un solo dígito de la siguiente manera:

$1 + 2 + 0 = 3$

Por lo tanto, de los cálculos anteriores, el número de expresión de Abraham Quiroz Jorginho es 3.

Ahora, el número del impulso del alma de Abraham Quiroz Jorginho se calculará de la siguiente manera: AAA + UIO + OIO,

(Vocales en los nombres) = $(1 + 1 + 1) + (3 + 9 + 6) + (6 + 9 + 6)$

$= 3 + 18 + 21$

$= 42$

Para obtener el número de un dígito, tú sumarás el 4 y el 2 que será igual a 6. Por lo tanto, el número del impulso del alma de Abraham Quiroz Jorginho es 6.

Descubre si estás en tu mejor profesión o enfoque educativo

Es bueno conocer tu número de expresión y tu número de impulso del alma. Sin embargo, no tiene sentido saber cómo calcular estos números si no sabes cómo interpretar el significado del número. Por lo tanto, es importante que te ayude con la interpretación de cualquier número de expresión que tengas. Esta comprensión de la interpretación de tu número de expresión te ayudará a descubrir si estás en tu mejor profesión o enfoque de una educación.

A continuación, están las interpretaciones de cada número de expresión en numerología:

Número de expresión 1

Este es un número de liderazgo. Muestra que tienes un don natural para fijar objetivos y mantener la disciplina necesaria para alcanzarlos. Eres valiente y no temes asumir riesgos calculados. Eres ambicioso y siempre te ves en lo más alto de todo lo que haces. No estás hecho para ser sólo un miembro de un equipo, sino para ser un protagonista. Eres la imagen de tu organización y la energía que impulsa a los demás a alcanzar las metas y objetivos de la misma.

Tu naturaleza de líder te convierte en un excelente emprendedor. Este número también es para líderes religiosos, políticos de élite, activistas, millonarios autodidactas e inventores. Sin embargo, debes tener cuidado con el egoísmo y el orgullo. Tu confianza en tu capacidad es enorme y puede hacer que consideres insignificante la contribución de los demás. Tienes tendencia a sentir que no necesitas a nadie para triunfar en tu vida. Por lo tanto, eres propenso a prescindir de las personas rápidamente y te falta paciencia para ayudar a los demás a crecer a su propio ritmo. Como 1, debes estar atento a estas debilidades y maximizar tus fortalezas. Nunca debes olvidar que las personas no son todas iguales. Ayuda a las personas que te rodean a crecer y nunca olvidarán el impacto positivo que tuviste en sus vidas. Si puedes hacer eso con éxito, definitivamente estarás a la cabeza de grandes movimientos e imperios comerciales.

Número de expresión 2

Como número 2, tienes la habilidad natural de hacer amigos y conectar con las personas. La mayoría de las veces, no es porque estés tratando de ser amigo de las personas, sino que tus cualidades agradables y amables atraerán a muchas personas hacia ti. Tienes un corazón abierto y eres complaciente con los demás. Tienes empatía y tu nivel de compasión es inusualmente alto. Eres rápido para hacer concesiones para "permitir que la paz reine" en tu entorno. A las personas con el número de expresión 1, en particular, les gustará que seas su amigo y socio porque no eres conflictivo.

Tu habilidad diplomática te hace más como "el poder detrás del trono" en lugar de "ser el que está en el trono". Por lo tanto, tu habilidad es más adecuada para ser un socio comercial que un dueño de negocio. Serás un miembro valioso de la junta directiva de una organización. Serás ese vínculo que conecta a todos y masajea el ego de las personas individualistas para crear una dinámica de grupo de trabajo perfecta.

No prosperarás tanto como podrías si te dan un rol de liderazgo. Serás lo suficientemente diplomático para llevar a cualquiera contigo, pero no podrás tomar decisiones difíciles sin ser demasiado emocional. Por lo tanto, tienes que aprender a valorarte en tu posición como un actor secundario. Nadie puede hacer lo que tú haces mejor que tú. Por lo tanto, en lugar de envidiar a los líderes, aprecia tu rara cualidad de ser un gran seguidor.

Número de expresión 3

Como número 3, eres extrovertido, inspirador, creativo y positivo. Tu creatividad te hace perfecto para una carrera en el arte. Eres una persona social que tiene mucha energía positiva a su alrededor. Puedes inspirar a las personas y hacer que cambien sus vidas sin esforzarse tanto. Tienes la habilidad natural de motivar a la gente y convertir los momentos tóxicos en positivos sólo con un chasquido de dedos. A la gente le gustará estar cerca de ti y tendrás que aprender a lidiar con eso.

Te resultará fácil atraer al sexo opuesto, pero debes tener cuidado de aprender a definir tus relaciones. Si no logras manejar la atracción de la gente hacia ti, te convertirás en un amigo y compañero infiel porque intentarás complacer a todas las personas que se te acerquen. Tu habilidad natural para inspirar a la gente te será de gran utilidad como orador motivacional. Sin embargo, es posible que te cueste disciplinarte para concentrarte en un objetivo particular durante mucho tiempo. Si puedes lidiar con la distracción y concentrarte en tus metas en la vida, definitivamente tendrás éxito.

Número de expresión 4

El número de expresión 4 es el número de la disciplina y la estructura. No eres extravagante y prosperas obedeciendo reglas y regulaciones. No puedes lidiar cuando no hay una instrucción particular que debas seguir para alcanzar el éxito. No quieres que te den la licencia para ser "creativo". Serás un contable, funcionario del gobierno, gerente o contador de éxito. También serás un buen candidato para una carrera en el ejército, donde la obediencia a las instrucciones es la clave del éxito.

Aún puedes aventurarte en una carrera en la música y las artes, pero tu toque de disciplina y estructura seguirá siendo evidente. En tu relación con la gente, tienes tendencia a ser moralista, lo que muchos interpretarán como perfeccionista. Es posible que te cueste atraer a muchas personas y lo más probable es que tengas pocos amigos. No serás compatible con personas extrovertidas. Sólo las personas disciplinadas o que quieran ser disciplinadas querrán acercarse a ti.

Debes tener cuidado porque tiendes a ser un adicto al trabajo que apenas tendrás tiempo para divertirte. Tu enfoque serio de la vida te hará ganar muchos elogios de tus superiores, pero también debes disfrutar de la recompensa de tu duro trabajo.

Número de expresión 5

Como número 5, la estabilidad no es tu punto fuerte. Eres libre como un pájaro y te encantan las aventuras, la diversión y cualquier cosa emocionante. Rebelarte contra las estructuras es como una norma para ti. No sólo anhelarás y lucharás por tu propia libertad durante toda tu vida, sino también por la de los demás. Serás muy expresivo criticando a cualquier persona o estructura que restrinja a las personas de expresarse al máximo. No podrás prosperar en un entorno donde haya que seguir reglas establecidas muy firmes que inhiban la creatividad.

Debes tener cuidado porque tu deseo de libertad de expresión puede meterte en algunos problemas. Eres propenso a convertirte en un adicto a las drogas o a cualquier otra práctica poco saludable. Tu capacidad para comunicarte te convertirá en un buen abogado, político, representante de ventas o agente de relaciones públicas. Tu entusiasmo es contagioso y podrás convencer a la gente de que acepte tu idea con facilidad. Sin embargo, debes cuidarte a ti mismo para mantener el suficiente autocontrol en todas las áreas de tu vida.

Número de expresión 6

El número 6 es el número del altruismo y del afecto genuino por los demás. Si tu número de expresión es 6, siempre te preocupas más por las necesidades de los demás que por las tuyas propias. Tienes un don para desarrollar relaciones de confianza con los demás. Tus amigos siempre pueden contar contigo por tu honestidad y fidelidad. Destacarás fácilmente entre los demás empleados de tu compañía en cuanto a integridad. La justicia te importa y nunca te alegras de ver sufrir a los demás, especialmente si es por tus acciones.

Eres muy creativo, pero es posible que te cueste expresar tu capacidad porque tiendes a dedicar más tiempo a los demás que a ti mismo. Por lo tanto, el tiempo del que dispones para desarrollar tu capacidad personal es limitado. Eres experto en reconciliar a las personas y curar heridas psicológicas. Es por esto que te sentirás muy cómodo si tienes una carrera en psicología, asesoramiento y docencia. También te irá bien como agricultor, florista, artista, diseñador o jardinero.

Una carrera en el mundo de los negocios tampoco está fuera de lugar para ti, especialmente en áreas donde las relaciones humanas son muy vitales. Tienes que asegurarte de mantener un equilibrio entre el tiempo que dedicas a ayudar a los demás y el que dedicas a cultivar tus propias habilidades para prosperar.

Número de expresión 7

7 es el número de la verdad, el conocimiento y el análisis. Si tu número de expresión es 7, tu deseo de conocimiento será insaciable. Te centrarás en cuestiones vitales críticas que muchos consideran misteriosas. Querrás ser la persona a la que la gente pueda recurrir en busca de respuestas a preguntas difíciles. Tu capacidad analítica es excelente y tu capacidad para el razonamiento lógico es difícil de igualar. Tienes la tendencia a guardarte tus pensamientos hasta que estás

convencido de que es el momento adecuado para contárselos a los demás.

Una carrera en ciencias o quizás en filosofía será perfecta para ti. Prosperarás como analista, investigador, inventor, abogado, sacerdote o banquero. Tu amor por el misticismo y la investigación también te resultará útil como detective. Debes tener cuidado de no guardarte demasiado tus pensamientos. Puede que te resulte difícil conectar con la gente porque te considerarán demasiado misterioso y reservado. La gente pensará que eres impredecible y eso puede afectar a tu relación interpersonal porque te clasificarán como una persona poco fiable.

Tus conocimientos también te harán parecer una persona demasiado crítica con los demás. Por lo tanto, aprende a tomarte un tiempo para reflexionar sobre tus acciones. Descarta las falsedades, pero deja en claro a la gente que estás atacando sus afirmaciones erróneas y no su personalidad.

Número de expresión 8

Las personas con el número de expresión 8 están diseñadas para llegar a lo más alto en su carrera. Son extremadamente competitivos, tienen la disciplina y la concentración necesarias para convertirse en los mejores en todo lo que hacen.

La influencia y la riqueza están dentro de su dominio. Son grandes triunfadores capaces de batir récords por diversión. Se enfrentarán a grandes retos, pero están preparados para superarlos y llegar a lo más alto. Los retos a los que se enfrenten sólo harán que se den cuenta de su inconmensurable potencial para triunfar.

Son fáciles de elegir para puestos de liderazgo. Una carrera como empresario es perfecta para estas personas. Son propietarios de empresas y tienen la capacidad de crear una dinastía empresarial de alcance mundial. Su concentración y disciplina hacen que sea imposible impedirles alcanzar los objetivos que se proponen. Marcan la pauta a seguir para los demás. Sin embargo, tienen que tener cuidado de no ser engreídos e intolerantes con otros. Su capacidad para centrarse y alcanzar sus objetivos puede hacer que traten a los demás como irrelevantes.

Número de expresión 9

Este es el número de los que les gusta prestar servicios humanitarios, son más compasivos e idealistas. Si tienes este número como tu número de expresión, tienes una visión global del mundo. Tú quieres que todos en el mundo se vean a sí mismos como iguales y no ver a ninguna raza como inferior. Tienes la intención de cambiar el mundo y hacer de él un lugar mejor. Tienes tu mayor momento de satisfacción siempre que haces algo que afecta a los demás. Una carrera en derecho, política, enseñanza o medicina encajará perfectamente contigo. Tu deseo de iluminar a los demás y aliviar su dolor será necesario allí.

Los prejuicios no tienen cabida contigo. Proyectas una imagen cálida y cariñosa hacia la gente, y eso atraerá a muchas personas hacia ti. Sin embargo, no sueles expresar lo que sientes. Crees firmemente en el bien de la humanidad, pero no sabes juzgar el carácter de las personas.

Conoce tu número de móvil de la suerte

El 31 de octubre de 2016, se hizo una publicación en el Bangkok Post sobre "Números de teléfono extremadamente afortunados podrían alcanzar los 100 millones de B". Según esta publicación, había cuatro compañías que expresaron su interés en pujar por estos 16 números de teléfono de la suerte. ¿Por qué van a estar dispuestas las compañías a jugarse el dinero que tanto les ha costado ganar por "diversión"? Esto demuestra que algunos números de teléfono atraen la suerte a sus propietarios.

Según la publicación, los 16 números de teléfono incluyen 099- 999- 9999, 088- 888- 8888, 090- 000- 0000, 091- 111- 1111, 092- 222- 2222, 093-

333- 3333, 094- 444- 4444, 095- 555- 555, 096- 666- 6666, 097- 777- 7777, 098- 888- 8888, 061- 111- 1111, 062- 222- 2222, 063- 333- 3333, 064- 444- 4444, y 065- 555- 5555.

Estas compañías quieren comprar estos números porque son fáciles de recordar y traen suerte a sus propietarios. La razón de la capacidad de estos números para atraer la suerte se debe principalmente a que estos números tienen una semblanza con nombres chinos para la prosperidad y otras cosas buenas de la vida. Además, la secuencia de estos números muestra un conglomerado de números particulares. Las energías positivas del conglomerado de un número concreto atraerán buenas noticias a los propietarios de estos números.

Por lo tanto, al elegir un número de teléfono, considera un número que tenga un número particular repetido. Tales números de teléfono mejorarán el índice en el cual los acontecimientos afortunados vienen a ti. Cuando se trata de numerología, aunque nada está escrito en piedra, tú tampoco puedes permitirte dar nada por sentado. Un pequeño ajuste de los números puede cambiar tu experiencia en la vida. Si las cosas no funcionan y no estás dispuesto a probar algo nuevo, no te estás haciendo ningún bien.

Así que, busca siempre formas de mejorar tu enfoque general de la vida, pero no olvides fijarte también en los números. Puede que estés haciendo exactamente lo que necesitas para tener éxito, pero sólo tienes números de mala suerte en tu vida. Ahora parecerá que no estás trabajando lo suficiente como tus compañeros; mientras tanto, la cuestión es que no te han llegado acontecimientos favorables.

Cinco números principales que pueden favorecer que sucedan acontecimientos afortunados en tu vida

Encontrar números de la suerte en tu vida no es sólo real; también es divertido. Cada número en la perspectiva numerológica tiene atributos positivos y negativos. Sin embargo, hay algunos números en particular que pueden fomentar que sucedan eventos afortunados en tu vida. Estos números te ayudarán a saber qué números de lotería debes elegir.

El primer número que debes tener en cuenta es tu **número de camino de vida**. Ya hemos discutido cómo calcularlo en el capítulo anterior. Se deriva de tu fecha de nacimiento. Este número resuena contigo y te traerá suerte. También puedes elegir un número de la suerte tradicional, como el 7, el 3 o el 4. Alex Bellos, matemático, realizó una encuesta para descubrir el número de la suerte más popular del mundo. El resultado de la encuesta mostró que el 7 es el número de la suerte más popular del mundo.

No es demasiado sorprendente porque el número 7 es bastante significativo. Hay 7 días de la semana, 7 continentes, 7 mares y otros datos interesantes y divertidos. Las cosas buenas también vienen de tres en tres y de cuatro en cuatro. Sin embargo, tú debes tener cuidado al utilizar los números tradicionales porque habrá muchas otras personas que los utilicen. Por lo tanto, en caso de ganar un premio mayor, es probable que lo compartan. Si tienes hijos, también puedes considerar la fecha de nacimiento de tus hijos.

Nota: nunca olvides que estos números sólo te brindan una mayor probabilidad de ganar, pero no absoluta. Cualquier número puede hacer que ganes una lotería. Por lo tanto, no apuestes dinero que no puedes permitirte perder porque estarías apostando dinero en un número de la suerte. Eso no sería muy inteligente por tu parte.

Capítulo 7:
Orientación sobre la propiedad

Cada lugar de la Tierra tiene características peculiares que hacen que las personas decidan vivir allí. Algunas personas prefieren entornos donde haya mucha gente para poder tener interacciones sociales más que suficientes a diario. Otras no pueden permitirse el lujo de tener "vecinos ruidosos". Para estas personas, incluso si no tienen suficiente dinero para vivir en esas áreas residenciales, su sueño es vivir allí algún día.

Es normal que consideres varios factores, como la seguridad de tu vida y tus propiedades, las actividades económicas del lugar y la proximidad a tu lugar de trabajo. Sin embargo, estos factores no son suficientes para elegir la ubicación. De hecho, puedes aprovechar tu conocimiento de la numerología al elegir la ubicación de tu hogar o negocio. En este capítulo, te mostraré cómo puedes mejorar tu vida al elegir tu dirección teniendo en cuenta la numerología.

¿Al elegir un nuevo hogar, se debe utilizar la numerología?

Sí. ¿Por qué? En numerología, los números lo son todo. Al igual que tu fecha de nacimiento, tu dirección tiene números asociados. Nunca olvides que cada número en numerología tiene atributos tanto positivos como negativos. Por lo tanto, la dirección de tu hogar o compañía tiene atributos tanto positivos como negativos que afectarán tus experiencias. Es por esto que no puedes permitirte el lujo de dejar de lado la numerología al hacer tu elección con respecto a la dirección de tu hogar o negocio.

Si acabas de mudarte a una nueva casa, es importante que averigües el número de casa de tu nueva dirección. Conocer este número te ayudará a saber qué esperar y cómo prepararte para eventos futuros. También podrás tomar decisiones de calidad en cuanto a quedarte en esa dirección o dejar ese lugar e ir a uno mejor. Lo primero que debes hacer para conocer la personalidad de tu hogar es conocer el número de tu hogar. Cuando hablo del "número de tu hogar", no me refiero a la dirección de tu hogar, sino al dígito numerológico de tu hogar. Este número revela el carácter y la energía peculiares de tu hogar. No es difícil conocer este número. El único problema que puedes tener es que hay casos particulares en los que el número en el que te centrarás será diferente. Una vez que domines la regla para cada caso, estarás listo para empezar.

Necesitas descomponer y sumar tu dirección para saber este número. Por ejemplo, si tu dirección está en "798 Main Street", sacarás los números y los sumarás de la siguiente manera:

7 + 9 + 8 = 24

Si obtienes un dígito doble, tendrás que reducirlo a un solo dígito para revelar el carácter y la energía únicos de tu hogar de la siguiente manera:

2 + 4 = 6

A partir del cálculo anterior, la representación numerológica de tu hogar es 6. Fácil, ¿no? Puedes probar el tuyo ahora mismo. ¡Es divertido! Sin embargo, puede que te enfrentes a un desafío si el nombre de tu calle es un número. Es decir, si tu dirección es algo como "560 6th Avenue". Te sentirás tentado a sumar el número 6 de la 6th al 560, pero eso no será correcto. Si tu dirección está en este formato, ignorarás el nombre de la calle. Es decir, sólo sumarás los números de la siguiente manera:

5 + 6 + 0 = 11

Al igual que en el último ejemplo, reducirás aún más el número de dos dígitos a un número de un solo dígito sumando los números de la siguiente manera:

$1 + 1 = 2$

Eso significa que tu número de casa es 2 en ese caso. Si vives en un apartamento, el método será un poco diferente, ya que el enfoque no es el mismo. Sin embargo, la técnica de suma y reducción de dos dígitos para obtener un dígito único sigue siendo la misma. Tendrás que usar el número de tu unidad en el caso de un apartamento. El número de tu unidad es un número único para tu espacio. En caso de que tu dirección sea algo como "1700 Harry Court, Apt 45", ignorarás el "1700" que está delante de la dirección del apartamento. Sólo te concentrarás en el "45" al final de la dirección porque ese es el número de tu unidad. La suma de los dos números será igual a 9. Es posible que tu dirección sea un poco diferente de los tres escenarios que te he presentado hasta ahora. Es posible que tu apartamento o número de calle contenga una letra. Es decir, si tu número de calle o apartamento es algo así como "876B".

En una situación como esta en la que hay una letra adjunta a tu número de calle o apartamento, ¡no ignores la letra! Cualquier número de casa que obtengas mediante la eliminación de la letra en tal situación es inexacto. Antes de sumar los números, tendrás que obtener el número equivalente a la letra en la ecuación de Pitágoras. El número equivalente a la letra B en este sistema es 2.

Nota: La representación completa de las letras con sus respectivos números se puede encontrar en el capítulo 6 de este libro.

Por lo tanto, si tu dirección es 876B Willow Avenue, tu número de casa se calculará de la siguiente manera:

$8 + 7 + 6 + 2 = 23$

Una reducción adicional del número dará como resultado la suma de 2 y 3, que será igual a 5. Por lo tanto, tu número de casa, en ese caso, será 5. Como hemos visto, conocer tu número de casa no es difícil. La única razón por la que puede parecer complicado en algunos casos es cuando no conoces la regla exacta que se aplica a la suma de números.

Cómo te afecta la dirección de tu casa

Ahora que sabes cómo obtener tu número de casa, es importante conocer las implicaciones de este. Como dijimos anteriormente, cada número tiene su propia energía y característica peculiar. A continuación, te muestro las características de cada número de casa desde el 1 hasta el 9.

Número de casa 1

El 1 representa fuerza, innovación e independencia. El número de casa 1 es perfecto para personas solteras o para emprendedores. Este número de la casa apoya tu necesidad de independencia, libertad personal y autonomía. La energía que emana de este número apoya el deseo de explorar y abrir nuevos caminos. Si estás a punto de iniciar un nuevo negocio o acabas de hacerlo, debes considerar una dirección con este número.

El 1 te proporciona la energía necesaria para la confianza en ti mismo, para canalizar tus recursos en la orientación correcta. Por lo tanto, si deseas una pareja para toda la vida en un futuro próximo, debes desistir de vivir en una dirección cuyo número de casa sea 1. La energía de esta dirección tiene que ver contigo e incluso afectará tus posibilidades de iniciar o mantener una relación saludable y estable.

Si ya tienes una familia y vives en esta dirección, debes considerar mudarte lo antes posible. La energía de esta dirección no apoya la naturaleza blanda e interdependiente de una familia. No tienes por qué causar problemas en tu hogar presionando tanto para mudarte sin arrastrar a los demás, especialmente a tu pareja. Sólo hazle saber que la felicidad de la familia es la fuerza impulsora detrás de tu insistencia en mudarte.

Número de casa 2

Una persona de familia que deja una dirección con el número de casa 1 encontrará una dirección con el número de casa 2, un lugar perfecto para crecer y nutrir a una familia. La energía del 2 apoya la construcción de un hogar para darle a cada miembro de la familia un sentido de pertenencia. Si hay una dirección que es completamente opuesta al 1, es el 2. La principal diferencia entre el 2 y el 1 es que el 2 está destinado a las relaciones interpersonales donde la dinámica de grupo reemplaza al individualismo.

La energía del 2 es perfecta para las relaciones amorosas y la vida armoniosa. Las familias jóvenes, las parejas románticas y los compañeros de habitación que tienen relaciones cordiales disfrutarán de una dirección con el número de casa 2. Se sentirán cómodos allí porque la energía del hogar apoya los sentimientos y la sensibilidad, que son la columna vertebral de las relaciones cordiales.

Sin embargo, al igual que cada número en la numerología, el 2 también tiene sus impactos negativos. El hecho de que la energía que emana apoye una estructura familiar y grupal la hace perjudicial para las personas que prosperan gracias a la creatividad y la brillantez individual. Si deseas centrarte en crear un negocio o eres soltero y no te interesa formar una familia en un futuro próximo, el 2 no es una buena dirección para ti.

Número de casa 3

El 3 es el centro del entretenimiento y la creatividad. Si tienes una carrera en la que se da prioridad a la creatividad, este es el mejor hogar para ti. Las vibraciones de esta casa brindan la plataforma necesaria para la expresión y la creación de cosas nuevas. Por lo tanto, si eres un artista o estás involucrado en una carrera en la que expresarte de una manera nueva y dinámica es primordial, la energía del 3 encaja perfectamente contigo.

El 3 también es adecuado para reuniones sociales y para exprimir al máximo la diversión de la vida. Es por esto que si eres del tipo de persona a la que le gusta que la gente interesante se acerque regularmente para fiestas y buenos momentos, el 3 es tu mejor opción. Sin embargo, debes tener cuidado porque este número puede acercarte a la bancarrota. Con mucha diversión y entretenimiento viene el deseo de gastar a lo grande.

Por lo tanto, si planeas vivir una vida serena sin distracciones ni extravagancias, el 3 no es saludable para ti. Antes de tomar la decisión de vivir en una casa número 3, debes tomar la decisión de qué es lo que te importa, entre divertirte al máximo y vivir una vida sobria y austera.

Número de casa 4

La casa número 4 es el centro de la disciplina y la responsabilidad. Así como el 1 es el opuesto del 2, el 3 es el opuesto del 4. La vibración del 4 apoya una vida disciplinada, con los pies en la tierra y responsable. No apoya la diversión ni la extravagancia. El 4 es perfecto para las personas que quieren criar hijos responsables y hacer crecer su negocio de manera constante. La abundancia de energía para la estructura y la disciplina hace que esta casa sea un "tabú" para las personas a las que les encanta tener muchos amigos que los rodeen a menudo para entretenerse.

Por lo tanto, si eres aventurero y te gusta ser un poco "salvaje", cometerás un error si eliges vivir en 4. La energía del 4 favorece una estructura estable, lo que también es beneficioso si tú quieres tener un jardín en casa. Para una vida tranquila en la que el crecimiento y la estabilidad sean lo primero en tu lista, deja que una dirección cuyo número de casa sea el 4 no sea negociable para ti. Si vives en el 4, tu vida será como la de un pez en tierra seca.

Número de casa 5

Al igual que el 3, el 5 es una casa vibrante para la vida social. Si tienes facilidad para invitar a la gente a tu casa y pasar buenos ratos, el 5 es adecuado para ti. La energía de este número resuena con las actividades sociales y el entretenimiento. A diferencia del 3, no irradia energía para la creatividad como tal, sino para la variedad y el cambio. Sin embargo, el hecho de que esta casa promueva la variedad y la inestabilidad puede ser un problema para ti. Puede que te resulte difícil vivir en esa casa durante mucho tiempo.

Cuando vives en esta casa, las circunstancias que te rodean harán que quieras abandonarla e irte a otro lugar. Por lo tanto, si buscas un lugar en el que puedas estar mucho tiempo en armonía con tu familia y cerca de tu lugar de trabajo, el 5 no es la casa ideal para ti. Aparte de la vibrante vida social, el 5 también tiene la ventaja añadida de hacerte audaz y valiente. La energía de esta casa te da la confianza necesaria para enfrentarte a situaciones difíciles y salir victorioso.

Por lo tanto, puedes estar seguro de que cuando decidas abandonar la casa, habrás aprendido un montón de lecciones de la vida. 5 es una casa perfecta para entrenarte a ser fuerte y valiente en la vida para afrontar tareas difíciles. Por lo tanto, la 5 es una parada perfecta para las personas solteras antes de pasar a la estabilidad con una familia en la casa número 2.

Número de casa 6

La casa número 6 es similar a la casa número 4 porque ambas favorecen la vida armoniosa de las familias. En numerología, el 6 es el número que más apoya la vida hogareña y el entorno familiar. La energía del 6 hace que las personas se sientan bienvenidas y como en casa. No sólo tú y tu familia se sentirán bienvenidos en esta casa, sino también tus invitados. De hecho, tus mascotas disfrutarán del ambiente de la casa. Es el santuario perfecto para un ambiente tranquilo y cálido de amor y armonía.

Para apreciar la naturaleza del hogar, debes decorarlo con bonitos cuadros y muebles cómodos. Las flores y un jardín casero también serán perfectos para este hogar. Por supuesto, vivir en un hogar como este no es bueno en el caso de que quieras abrazar una vida de soltero por el momento. La energía será perjudicial para tu deseo de ser independiente y disfrutar de tu libertad.

En este hogar, te encontrarás con que te faltan cosas y las circunstancias a tu alrededor se las arreglarán para que te comprometas. Tendrás que seguir huyendo de "sentar cabeza" si vives en un hogar como éste. Por lo tanto, si no estás preparado para la responsabilidad que conlleva la estabilidad y la interdependencia de tener una familia, el 6 no es un buen hogar para ti.

Número de casa 7

El 7 es un santuario para una vida tranquila, espiritual y sobria. Si eres el tipo de persona que quiere que su hogar sea un refugio para alejarse del "mundo ruidoso", el 7 es tu "escondite" perfecto. La energía de esta casa inspira pensamientos y reflexiones profundas y puede ser algo reservada. Si no eres el tipo de persona que se nutre de la sencillez en su enfoque de la vida, estarás viviendo en la casa equivocada en una con este número.

Tendrás que simplificar tus objetivos y ambiciones en la vida o, de lo contrario, la energía de esta casa te resultará algo "asfixiante". Tendrás que eliminar cualquier desorden de tu pensamiento y de tu entorno para poder vivir en esta casa sin ningún problema. Necesitas conectar con la energía de este ambiente para sentirte como en casa. El 7 es el hogar perfecto para escritores o científicos por su necesidad de tener la mente despejada para un rendimiento óptimo.

La energía de esta casa te asegura que podrás conocerte a ti mismo cuando reflexiones sobre tus acciones pasadas. Te ayudará a hacer planes claros y concretos sobre el futuro y a prepararte para ser mejor persona. La meditación tendrá un flujo libre debido a la vibración de la casa número 7.

Número de casa 8

El 8 es muy popular por su energía de prosperidad y abundancia. La energía de esta casa favorece el crecimiento y la ambición, necesarios para el éxito en los negocios. Por lo tanto, un empresario o las personas que tienen el impulso de alcanzar el tope de su carrera encontrarán en el 8 una casa perfecta para ellos. Si para ti es crucial mejorar tu estatus en la vida y alcanzar la independencia económica, ésta es tu mejor opción.

El 8 favorece el crecimiento, e incluso el aumento del tamaño de la familia se produce con facilidad. Sin embargo, la energía del 8 para el crecimiento no está exenta de desventajas. No favorece la estabilidad y la relajación, sino el aumento y el movimiento ascendente.

Por lo tanto, el 8 no es una buena opción para ti si te importa tener un ambiente estable y relajado en tu hogar. El movimiento ascendente del 8 también trae consigo un ambiente estridente que no es saludable para un hogar feliz y armonioso.

Una regla simple de numerología es que no puedes comer el pastel y tenerlo todo. Tendrás que elegir las características que están en la parte superior de tu lista antes de decidir qué hogar es mejor para ti.

Número de casa 9

El último, pero no menos importante es el número de casa 9. Este es el número de aceptación, compasión y realidad. La energía de este número atrae a todos en el mundo. En otras palabras, este número no permite la discriminación entre personas de diferentes razas e idiomas. Es un número complaciente, también llamado el "número internacional". La vibración alrededor de este hogar promueve el altruismo, el perdón, la espiritualidad y la creatividad.

Si tienes una visión global de hacer del mundo un lugar mejor a través de sacrificios desinteresados y humanitarios, el 9 es el mejor hogar para ti. La energía que emana esta casa te ayudará a aprender mucho sobre ti mismo y te inspirará a vivir una vida que dejará una marca indeleble en la historia de la humanidad. Si vives en esta casa, debes ser complaciente y tolerante con la vibración de ese hogar.

Tu corazón debe estar abierto a todos, no por la diversión de tener gente a tu alrededor, sino para tener un impacto significativo en la vida de las personas. La gente te verá como una fuente de inspiración y un gran ejemplo para la humanidad cuando resuenes con la energía de esta casa.

Capítulo 8:
Tener una relación perfecta con el conocimiento de la numerología

Como ya habrás notado, el conocimiento de la numerología puede ayudarte en todos los aspectos de tu vida. En este capítulo, me centraré en la aplicación del conocimiento de la numerología a tu relación matrimonial. Bueno, una relación perfecta no es una relación en la que no hay problemas. Una relación perfecta es una relación en la que las parejas se entienden a sí mismas y están dispuestas a hacer concesiones por el bien de la relación. No quiero que saltes o pases las páginas porque ya estás en una relación. Este capítulo no es sólo para personas solteras, sino también para personas que están comprometidas o casadas. Puedes usar el conocimiento de la numerología para hacer que tu relación sea más saludable.

Por lo tanto, léelo y estoy seguro de que aprenderás una o dos cosas que harán que tu relación sea excelente. Si sientes que tu relación es saludable, puede ser incluso mejor con estos consejos de numerología. Nunca puedes conocer todo el potencial de tu relación hasta que te expongas a algunas experiencias nuevas. Estoy convencido de que tu experiencia en tu relación será incluso mucho mejor de lo que era antes de leer este libro.

Soltero, pero buscando

Si eres soltero, pero estás interesado en conectar con una buena pareja, tu conocimiento de la numerología puede guiar tus pasos. Lo más importante es encontrar a alguien que sea románticamente compatible contigo. No creo que necesite darte un sermón sobre la importancia de la compatibilidad en una relación. Puede que al principio digas que estás enamorado de una persona, pero si no eres compatible con ella, la relación se esfumará.

Muchas personas que terminan rompiendo una relación sintieron que estaban enamoradas en un momento dado, pero terminaron rompiendo la relación. Por lo tanto, si tienes planes de enamorarte y "seguir enamorado", necesitas construir una relación sobre los cimientos adecuados. No puedes permitirte construir tu relación sólo sobre la atracción física porque no resistirá la prueba del paso del tiempo. La atracción física los unirá al principio, pero lo que sostiene una relación es la amistad.

Mientras tanto, la amistad en una relación no es posible si no hay compatibilidad. Tú y tu pareja deben complementarse para evitar tener problemas que se clasificarán como "irreconciliables" en el futuro. Seguramente no quieres experimentar el dolor de romper con alguien a quien creías que sería tu esposo o esposa perfecta más adelante. Por lo tanto, siempre es mejor empezar con buen pie.

Comenzar con el pie derecho significa que debes considerar la compatibilidad entre tú y la persona antes de permitir que tus emociones se descontrolen. La mejor manera de hacerlo es encontrar tu **número de expresión o psique**. Tu número de expresión se puede derivar de tu fecha de nacimiento. Se obtiene de la suma del día, mes y año de tu nacimiento. Consulta el capítulo cinco para obtener una mejor explicación de la importancia de tu fecha de nacimiento y cómo calcularla.

Compatibilidad romántica para solteros que buscan pareja

Una vez que conozcas tu número psique, tendrás una mejor comprensión de tus propias capacidades y deficiencias. El efecto resultante de este conocimiento es que podrás conocer personas cuyo número psique sea compatible con el tuyo cuando se trate de una relación matrimonial. También tendrás que conocer el número psique de la persona con la que quieres salir antes de poder saber si la persona es compatible contigo o no.

Número 1

Si tu número de expresión es 1, tienes una personalidad amable y disciplinada. Tienes un aire de autoridad y puedes ser arrogante. Por lo tanto, una persona con psique número 2, 3 y 9 es la mejor para ti. Una persona con psique número 2 no tiene ningún problema con que le den instrucciones. Estas personas son sumisas y no tendrán problemas graves con que las número 1 les den órdenes. Una persona con psique número 3 será un amigo leal y le gustará enseñar a los demás.

La lealtad y la paciencia de los número 3 los convierten en compañeros perfectos para un número 1. Ayudarán al número 1 a tomar mejores decisiones en todas las facetas de la vida. Los número 9 también son compañeros ideales para los número 1 porque ofrecen una valiosa asociación y amistad. Sus niveles de energía positiva compensarán la tendencia de un número 1 a ser grosero y abrasivo. Si eres un número 1 y sales con otro número 1, habrá "dos capitanes en un barco". Dos número 1 saliendo, pronto se molestarán y terminarán rompiendo debido a su tendencia a ser mandones.

Número 2

Si tu número psique es 2, tu mejor oportunidad de construir una relación sólida y duradera es con un 1, 3 u otro número 2. Un número 1 te apoyará y será un "pilar" para tu naturaleza suave, tierna y amorosa. Será un número que se alegrará de que no le impongas órdenes y, en respuesta, te ofrecerá el máximo apoyo. Un número 3 corresponderá a tu amistad y conectarán a nivel filosófico. Otro número 2 también te vendrá bien porque sus características son parecidas. A diferencia de lo que ocurre con dos número 1, dos número 2 sí son compatibles románticamente.

Número 3

Como número 3, eres amigable, espiritual, trabajador e independiente. Eres ambicioso, al igual que los número 1, y esa es una conexión importante. Eres más práctico que los número 1, y eso te hará capaz de ayudarlos a ejecutar sus ideas de manera práctica. Tu disciplina y concentración, al igual que los número 1, te harán compatible con ellos. También serás compatible con un número 2.

Aunque no son tan ambiciosos como el 3, su apoyo de calidad lo convertirá en un buen socio de negocios o de vida para ti. Tu relación con un número 9 también será productiva. Las habilidades organizativas y la industria de un número 9 te atraerán, lo que los hace compatibles a ambos.

Número 4

Si eres un número 4, tu naturaleza rebelde y reservada te hace compatible con un número 2 o un 8. Un número 5 te ofrecerá buenos amigos, pero no será un compañero de vida. Tus secretos estarán a salvo con un número 5, pero nunca puedes estar seguro de lo que está pensando, y esta imprevisibilidad no será saludable para ti. Un número 2 será una buena opción para ti debido a su personalidad tranquila y tierna.

La naturaleza tranquila de un número 2 será un contraste perfecto para tu naturaleza turbulenta. Al igual que el número 2, el número 8 también es tranquilo y pacífico, y eso lo convertirá en un buen compañero para los número 4. Los 8 pueden ayudar a los 4 a canalizar sus energías extremas hacia algo positivo, lo que los hace compatibles para una relación matrimonial.

Número 5

Como número 5, tienes una personalidad intelectual y divertida. La fortaleza mental de los 1 los convertirá en buenos socios comerciales y amigos, pero no en compañeros de matrimonio. La inquietud de un 5 los convierte en buenos amigos de los 4, pero serán obstáculos para ellos mismos cuando se trate de una relación matrimonial. Los número 6 son los mejores compañeros de vida para los número 5. Los 6 ayudarán a los 5 a deshacerse de su inquietud debido a su naturaleza amorosa y afectuosa.

Número 6

Los 6 son diplomáticos y educados, y se te perdonará que supongas que serán buenos compañeros para los 1. Sin embargo, ese no es el caso porque su tendencia a ser lentos no hará felices a los 1. Los 4, 5 y 8 son compañeros de vida ideales para los 6. La inquietud del 4 no será un problema para el 6 porque estará allí para calmarlo y canalizar su energía de manera positiva. Los 4 son similares a los 5 en términos de su naturaleza turbulenta, y eso los convertirá en buenas opciones para los 6 también.

Los 8 serán buenos compañeros de vida para los 6 debido a su naturaleza tranquila y espiritual. La tendencia de los 6 a ser demasiado sociales también se verá controlada por el enfoque tranquilo e inteligente de los 8.

Número 7

Los 7 son inventivos e intuitivos. Suelen ser poco realistas y místicos en su enfoque de la vida. La disciplina de los 1 y el enfoque práctico de los 9 hacen que los 1 y los 9 sean buenos compañeros de vida para los 7. Los 2 también serán buenos compañeros de vida para los 7, pero serán un desastre financiero si se asocian en los negocios. Tanto los 2 como los 7 no son lo suficientemente activos y disciplinados como para tomar decisiones comerciales de calidad. La capacidad intelectual de los 7 los hace atractivos y compatibles con los 8.

Número 8

Si eres un número 8, deberías considerar salir con un 1 o un 2. Tu personalidad trabajadora, intelectual y visionaria atraerá a un 1. Aunque tanto los 8 como los 1 son egoístas, la energía positiva de los 8 es un "desinfectante" bienvenido para la energía a menudo negativa de los 1. La personalidad de reparto secundario de los 2 los convierte en buenos compañeros de vida para los 8. Sin embargo, un 8 puede sentir que un 2 no es lo suficientemente trabajador para él o ella.

Número 9

Los números 9 son realistas, disciplinados y mentalmente fuertes. Sin embargo, tienen mal carácter y tienden a discriminar a las personas. Su disciplina y fortaleza mental los convertirán en buenos compañeros para los 1 tanto en los negocios como en las relaciones matrimoniales. El realismo de los 9 también los hace beneficiosos para los números 7 que pueden quedarse atrapados en su propio mundo de sueños. Tanto los 5 como los 9 generarán buena energía positiva juntos, lo que también los hace compatibles.

Lo que necesitas para una relación sana

Para las personas vanidosas y materialistas, la respuesta a una relación sana es salir con un chico o una chica rica y adinerada. Bueno, construir una relación sana va más allá de las capacidades financieras de las dos partes involucradas. Después de leer la compatibilidad para solteros a través de la numerología, es posible que sientas que estás en una relación. Sin embargo, no tienes que romper tu relación debido a la incompatibilidad de tu número psique.

La verdad es que tendrás muchos problemas, pero ningún problema es irreconciliable. Nunca olvides que incluso si estás en una relación con alguien cuyo número psique es compatible con el tuyo, seguirá habiendo problemas que ambos tendrán que aprender a resolver y crecer juntos. Por lo tanto, estar en una relación con alguien cuyo número psique resuena con el tuyo no garantiza nada. Sólo significa que tienes una mayor probabilidad de construir una relación sólida y saludable juntos.

Por lo tanto, las personas que están en una relación con alguien cuyo número psique se correlaciona tienen mucho trabajo por hacer para que la relación funcione. Si no tienen cuidado, descubrirán que las personas que no son compatibles con ellos en función de sus atributos naturales tendrán relaciones más exitosas que ellos. Por lo tanto, por más importante que sea estar en una relación con alguien que sea compatible contigo en función de tu número psique, comprender a la persona es más importante.

Si estás con un 1 que tiene la tendencia natural a ser dominante y mandón, si eres un 1 u 8, puede ser frustrante. Sin embargo, como sabes que ese es el tipo de persona que tienes, debes centrarte más en sus fortalezas. Su disciplina, concentración y determinación para alcanzar su sueño deberían llamar tu atención. Si aprendes a valorar los puntos fuertes de tu pareja y a restar importancia o pasar por alto sus carencias, estarás preparado para una relación duradera.

Incluso si eres un 1 saliendo con un 2, te gustará el hecho de que él o ella sea tierno y te apoye, pero puede que no estés contento con el nivel de disciplina o ambición de la persona. Por lo tanto, debería importarte más apreciar la parte de tu pareja que te gusta y estar dispuesto a ayudarle a deshacerse de los malos atributos. Puede que tú quieras una solución fácil, como sugerir a tu pareja un cambio de nombre para retocar algunos de sus atributos. Sin embargo, es posible que consigas deshacerte de un atributo concreto que no te gusta, pero ten por seguro que verás la manifestación de otro atributo negativo.

Por lo tanto, siempre es mejor que conozcas bien a tu pareja y estés dispuesto a ayudarla a crecer. Ama a la persona incondicionalmente y estate dispuesto a perdonar cualquier defecto. Una relación sana se basa en el afecto genuino y la comprensión. El amor no significa que ignores las deficiencias, sino que estés dispuesto a ayudar a la persona a maximizar sus fuerzas y a superar sus defectos.

La tasa de divorcios en el mundo moderno es alarmante. Una de las principales razones de esta elevada tasa de divorcios es que la gente se apresura demasiado a cambiar de relación. Mucha gente tiene expectativas muy poco realistas de las relaciones. Nadie es perfecto. Una relación duradera es una elección deliberada de centrarse en lo que tu pareja puede hacer y pasar por alto lo que no puede hacer.

Conoce tu fecha de la suerte para casarte

La última parte de este capítulo trata de cómo puedes elegir una fecha de matrimonio con más suerte. Después de haber elegido un compañero de vida que sea compatible contigo, tendrás que fijar una fecha para tu matrimonio. Como creyente en la numerología, no debes ser descuidado con la fecha que elijas para tu matrimonio. La fecha que tú elijas jugará un papel en la fortuna de tu matrimonio en el futuro. Por lo tanto, siempre es mejor ser deliberado acerca de tu elección.

La elección de la fecha de tu matrimonio debe basarse en tu número de la suerte. Tu número de la suerte es el número de camino de vida, y es un derivado de tu fecha de nacimiento. Una vez que averigües tu número de la suerte, ya puedes empezar. Elige una fecha que resuene con tu número de la suerte para atraer un mejor futuro para ti y tu pareja. Tu matrimonio es el comienzo de una nueva vida, que promete muchas posibilidades.

El matrimonio no es un camino de rosas y tú tienes que estar mentalmente preparado para ello. Habrá retos que superar y también muchos momentos agradables. Elegir una fecha de boda que esté en consonancia es una buena manera de empezar esta nueva vida con tu pareja. Puedes explicar a tu pareja las razones por las que has elegido esa fecha en caso de que haya alguna objeción. El diálogo es importante en el matrimonio para construir una relación duradera. Por eso, si desde el principio haces saber a tu pareja tu fe en el poder de los números, más adelante él o ella no lo considerará una superstición innecesaria.

Sin embargo, si crees que tu pareja no ha madurado lo suficiente o no está preparada para recibir esta información, no hace falta que le molestes con esto por ahora. Puedes esperar hasta que estés convencido de que él o ella pueda manejar la información correctamente antes de explicarle cómo el número influye en nuestras experiencias como seres humanos en la tierra. Un matrimonio exitoso no es imposible ni demasiado difícil. El único problema es que muchas personas no están dispuestas a pagar el precio de hacerlo bien.

Capítulo 9:
Establece tu negocio basándote en tu número de la suerte

La alegría de todo hombre o mujer de negocios es obtener beneficios. Sin embargo, obtener ganancias en los negocios no es automático; tú necesitas ser deliberado al respecto. En otras palabras, necesitas tomar medidas prácticas para asegurarte de tener éxito en los negocios. No hace falta que te aburras con principios generales como hacer llegar tus productos y servicios al mercado adecuado o crear una buena estrategia empresarial. Probablemente ya los conozcas.

Sin embargo, si no los conoces, es importante que entiendas las técnicas empresariales básicas generales antes de invertir tu dinero. Sé que estás ansioso por saber cómo puedes establecer tu negocio basándote en tu número de la suerte. Sin embargo, tengo que ser sincera contigo. El conocimiento de la numerología no significa **automáticamente** que tú tendrás éxito en cualquier esfera de la vida, incluyendo los negocios. Lo que el conocimiento del poder de los números hace por ti es darte una ventaja en la vida.

Algunos creyentes en la numerología son ahora pesimistas o críticos. ¿Por qué? Su percepción de la ventaja que la numerología da a la gente en la vida era errónea. Esperaban que la numerología se hiciera cargo de los aspectos básicos de sus vidas que se suponía que eran su responsabilidad. Por lo tanto, se sintieron decepcionados y perdieron la esperanza en la capacidad de los números en sus vidas para ayudarlos a vivir una vida feliz y plena.

La numerología te ayuda a canalizar tu energía y recursos en la dirección correcta. Por lo tanto, en este capítulo, mientras te explico cómo puedes establecer tu negocio en función de tu número de la suerte, es importante que tengas en cuenta que también debes esforzarte. Este conocimiento aumentará tus posibilidades de éxito, pero no será un boleto automático para tener éxito en tu negocio.

¡La numerología al rescate!

Debes confiar en tus posibilidades de tener éxito en tu negocio. Por lo tanto, cuando comiences un nuevo negocio, elimina toda aprensión o ansiedad de tu mente y convéncete de que tendrás éxito. Está bien estar un poco ansioso porque estás invirtiendo mucho tiempo, esfuerzo, energía y finanzas en el negocio, y no quieres que todo sea en vano. Sin embargo, es un problema cuando la ansiedad comienza a perjudicar tu desempeño.

No tienes por qué tener miedo; la numerología tiene respuestas para ayudarte a convertirte en un imán de dinero. Estoy seguro de que te alegrará saberlo. Todo lo que necesitas para triunfar ya lo ha depositado en ti el Universo. En tus números básicos se encuentra el secreto de tu éxito. Por lo tanto, el conocimiento de la numerología resulta muy útil para ayudarte a dirigir tu negocio hacia un éxito y un progreso sin precedentes. La independencia financiera no es esquiva para las personas que son capaces de caminar dentro del camino que el universo les ha marcado.

Primero es lo primero

Lo primero que debes hacer para establecer tu negocio en función de tu número de la suerte es averiguarlo. No necesitas un experto en adivinación para que te ayude con eso. Si has estado prestando atención hasta ahora, ya deberías saber que tu número de la suerte es tu número de camino de vida. Tu número de camino de vida se obtiene sumando todos los valores asociados a las letras de tu nombre, lo que te dará un número de dos dígitos. Reduce el número de dos dígitos a un número de un solo dígito sumando los dos dígitos. ¡Y listo!

Ahora que conoces tu número de la suerte, estás listo para seleccionar el nombre adecuado para tu nuevo negocio. En el mundo de la numerología, no se puede dar nada por sentado. El nombre de tu compañía debe estar en sintonía con tu número de la suerte para darle una mayor ventaja, que te permita tener éxito en tu negocio. En otras palabras, el nombre de tu compañía influye mucho en tu éxito o fracaso. La fortuna o el estancamiento de tu negocio se pueden alterar simplemente modificando el nombre de la compañía para que esté en sintonía con tu número de la suerte.

Si ya tienes un nombre comercial y tu negocio ya está en marcha, no es demasiado tarde. Si descubres que tu negocio no está produciendo tantas ganancias con respecto a tu arduo trabajo, debes hacer algo rápido. Creo que lo que te importa es la ganancia y no el nombre de la compañía. Por lo tanto, si un nombre comercial no te ayuda a alcanzar tu potencial en los negocios, un pequeño o gran ajuste para maximizar las ganancias es algo obvio. No necesitas convencer a nadie sobre el motivo de tus acciones, siempre que sean las acciones correctas. Es normal que haya gente que te critique porque no te entiende, pero debes mantenerte firme y hacer lo que debes hacer. Por lo tanto, cuando se trata de decisiones menores o mayores que cambiarán tu vida de manera positiva, debes preocuparte más por cómo te afecta la decisión. Después de todo, el fin justifica los medios. Por lo tanto, si estás convencido de que cambiar el nombre de tu compañía cambiará tu fortuna en la dirección correcta, ¿por qué no?

¿Por qué es importante?

Cualquier persona que piense bien debe tener un motivo razonable para sus acciones. No quiero decir que el motivo tenga que ser razonable para los demás; al menos, tiene que ser razonable para la persona. Por lo tanto, es importante que te dé razones tangibles por las que necesitas establecer tu negocio en función de tu número de la suerte. Puede que pienses que la razón es obvia porque tu número de la suerte te ayudará a atraer a las personas adecuadas para el negocio, lo que, a su vez, generará más ganancias. Sin embargo, va más allá de simplemente atraer a las personas adecuadas o atraer los negocios adecuados.

Cuando descubras tu número de camino de vida, podrás conocer tus fortalezas y debilidades. Este descubrimiento es particularmente importante y beneficioso si aún no has iniciado un negocio. Por lo tanto, antes de siquiera pensar en un nombre para tu negocio, sabrás cuál es la trayectoria profesional que mejor se adapta a tus habilidades. En otras palabras, sabrás cuál es el mejor negocio que maximiza tus fortalezas y puede hacer frente a tus deficiencias.

Tu número de camino de vida también te ayudará a determinar el tipo de personas que tendrás en tu equipo. Sólo contratarás a personas que puedan cooperar y apoyarte, de forma que te ayuden a conseguir tu objetivo. Es posible que no puedas aplicar esta regla a todas las personas que emplees en tu compañía. Sin embargo, debes tener cuidado con las personas que tienes en tu círculo íntimo. Por lo tanto, en el caso de estas personas, debes preocuparte por sus números de camino de vida para no tener personas que se rebelen contra ti o te traicionen.

¿Debería ser empresario o empleado?

Conocer tu número de camino de vida te desvelará si te conviene más trabajar para otros o montar tu propio negocio. Suena ridículo en el mundo moderno de hoy, donde casi todo el mundo quiere ser un magnate de los negocios o un magnate que posee varias cadenas de empresas. Es una buena ambición, y quien lo consiga se alegrará. Sin embargo, una cosa es soñar y otra tener la capacidad de alcanzar el sueño.

Por ejemplo, las personas que tienen el número 1 como su número de camino de vida tienen cualidades de liderazgo como una fuerte determinación, independencia, creatividad y audacia que les hacen mejores empresarios. Pueden ser pioneros de un negocio con éxito, especialmente cuando son capaces de reducir el impacto de sus debilidades, que incluyen la impaciencia y el egoísmo. Por lo tanto, si tu número de camino de vida es 1, estás preparado para convertirte en empresario.

Las personas cuyo número de camino de vida es 2 son cooperativas, afectuosas y diplomáticas. También pueden ser empresarios por su don de gente, pero saben trabajar en equipo. Sus atributos son más adecuados en el sentido empresarial cuando forman parte del consejo de administración de una compañía. Siempre se asegurarán de que sus sentimientos no se interpongan en los objetivos de la compañía. Además, su tendencia a la baja autoestima se disimulará cuando no sean ellos los que lleven la batuta. Por lo tanto, si tu número de la suerte es el 2, será mejor que encuentres a alguien o personas con una visión y una misión para un negocio que resuene con ellos y les ayudes a tener éxito. Tu inestimable contribución en sí misma es un éxito para ti.

Es mejor ser un "actor de reparto secundario" de éxito que convertirse en un desastre mientras se desempeña el papel principal. El problema es que la mayoría de la gente no es realista. Nadie puede triunfar solo. Todas las grandes personas de este mundo, ya sea en los negocios o en otra esfera de la vida, pudieron triunfar gracias a personas que estuvieron dispuestas a estar en el trasfondo de su éxito. El mundo está diseñado de tal manera que no todos podemos ser protagonistas. Algunas personas tienen que liderar mientras otras les apoyan.

Cualquier líder sin un apoyo de calidad se desmoronará. De ahí que quienes desempeñan el papel de líder deban ser lo bastante humildes como para reconocer el esfuerzo de quienes están dispuestos a sacrificarse para que ellos triunfen. Del mismo modo, los que desempeñan los papeles secundarios deben estar contentos de hacerlo sin envidiar al líder. Algunas dinastías empresariales famosas se desmoronaron porque había personas que no estaban contentas con sus papeles y querían ocupar el lugar de los líderes.

El verdadero éxito en la vida es vivir una vida feliz y plena y no necesariamente estar en la lista Forbes. La fama y la riqueza son buenas y hay que desearlas. Sin embargo, la clave para vivir una vida feliz y plena es vivir la vida sabiendo que estás haciendo algo que te ofrece la oportunidad de expresar al máximo tus capacidades. Si tener un negocio te permite maximizar tus puntos fuertes y disminuir tus puntos débiles, ¿por qué no? Sin embargo, si formar parte de un equipo empresarial de éxito te ofrece la máxima expresión, no te desesperes por dirigir un equipo empresarial.

No te estoy disuadiendo en absoluto de alcanzar tu sueño de tener grandes cadenas de negocios (si es que tienes esa ambición), sólo me preocupa más tu felicidad porque eso es lo que más importa. Además, sigues siendo en cierto modo propietario de un negocio si compras acciones de una compañía, porque eso te convierte en accionista de la compañía. Por tanto, tú tienes un papel que desempeñar en la toma de decisiones. De ahí que tu camino hacia la fama y la riqueza no se límite a ser pionero de una compañía. Tú puedes hacer crecer tu dinero a través de la inversión en un modelo de negocio que funcione y seguir sonriendo al banco.

¿Sólo el camino de vida número 1?

Es importante saber que no estoy diciendo que las únicas personas que pueden tener éxito como dueños de negocios son las personas cuyo número de camino de vida es 1. No seré precisa al hacer tal afirmación porque no es verdad. Las personas con el número de camino de vida 4 también serán buenos líderes debido a su afinidad por el orden. Son firmes, autodisciplinados, lógicos y ordenados. Estos atributos son esenciales en el liderazgo. Sin embargo, tendrán que tener cuidado con su tendencia a ser perfeccionistas y demasiado exigentes.

Las personas con el número de camino de vida 6 son visionarias e ingeniosas, lo que es bueno para el liderazgo, pero su tendencia a ser desorganizadas, irresponsables e inestables no es buena para los dueños de negocios. El 6, al igual que el 2, también es un mejor jugador de equipo en lugar de un líder. Las personas con este número de camino de vida son compasivas y responsables. Las personas con el número de camino de vida 8 tienen los mejores atributos para los negocios. Son ambiciosas, valientes e influyentes. Tienen todos los ingredientes necesarios para tener éxito como dueños de negocios, incluso por encima de las personas con el número de camino de vida 1.

Sin embargo, deben tener cuidado de no ser codiciosos y materialistas. Tienen la tendencia a sacrificar la felicidad de los demás por su propio beneficio egoísta. También deben tener cuidado con la arrogancia y la tendencia a querer controlar a los demás. Estos atributos del número de camino de vida 8 inspiran a muchas personas a cambiar sus nombres o el nombre de sus negocios de modo que resuenen con este número. Estas personas deben tener cuidado porque no pueden aceptar los aspectos positivos que vienen con el número de camino de vida 8 y rechazan por completo los atributos negativos asociados con él.

El mejor negocio según los números de la suerte

Dado que tu número de camino de vida revela tus atributos positivos y negativos, también te ayuda a saber cuál es el mejor negocio para ti. Tendrás dificultades si eliges una carrera profesional que no maximice tus fortalezas y disminuya tus defectos; te sentirás como un pez en tierra firme; estarás fuera de lugar. Por ejemplo, si tu número de camino de vida es 3, prosperarás más en un negocio que te permita ser creativo y mostrar tu uso mágico de las palabras.

Por lo tanto, una carrera en el arte creativo y verbal será mejor para ti. Entre tus atributos principales se encuentra un buen sentido del humor. Por lo tanto, una carrera como orador público o actor será la más adecuada para ti. Tu tendencia a hablar demasiado no será obvia en tales carreras porque, después de todo, te pagan por hablar. Por lo tanto, nadie notará tu defecto, a diferencia de cuando te encuentras en una carrera que exige templanza y orden.

Si tu número de camino de vida es 4, tu afinidad por el orden y la disciplina te harán prosperar en una carrera como la militar. Tu resiliencia y perseverancia te resultarán útiles en una carrera como esa, y tu incapacidad para encajar perfectamente en un entorno social no será obvia. Si tu número de camino de vida es 6, una carrera relacionada con la medicina te vendrá bien. Tu capacidad natural para cuidar y nutrir a las personas se destacará en una carrera como esa. La naturaleza del trabajo es predecible y puede ser aburrida, pero te viene bien. Habría sido una desventaja en otro lugar, pero te sentirás como en casa en una carrera como esa.

Te sentirás cómodo en una carrera en la que el conocimiento, la capacidad analítica y una naturaleza estudiosa son importantes si tu número de camino de vida es 7. Tu capacidad natural para ser también inventivo te hará prosperar en ingeniería u otras carreras en las que el avance tecnológico es muy vital. Tu tendencia a ser retraído y calculador se verá más como una fortaleza en lugar de como una debilidad en tales carreras.

Por lo tanto, necesitas saber tu número de camino de vida para que puedas seguir una trayectoria profesional que se adapte a tus habilidades. Incluso si deseas cambiar tu nombre para obtener atributos para una carrera diferente, todo comienza conociendo tu número de camino de vida en primer lugar.

La mejor estrategia comercial basada en números de la suerte

Si estás convencido de que tu camino en la vida es ser dueño de un negocio según tu número de camino de vida, entonces es correcto que lo ayudes, eligiendo el mejor nombre para tu negocio. Si estás en una sociedad, también debes convencer a tu socio de que conozca su número de camino de vida para que ambos puedan hacer los cambios necesarios en sus nombres juntos. Es importante que ambos hagan los cambios juntos porque su fortuna no es suficiente para determinar el destino de un negocio que no es sólo de tu propiedad.

Tu socio comercial no sólo contribuye con su dinero al negocio; también contribuye con su suerte. Después de cambiar los nombres según sea necesario, estás listo para el nombre del negocio. Si es un negocio que ya está en funcionamiento, registra la Escritura de Sociedad en tu día de suerte según tu número de la suerte. Tu nombre de marca también debe cambiarse para reflejar tu número de la suerte. Como ya he dicho antes, no puedes dar nada por sentado. Cada pequeño detalle de tu negocio puede afectar al éxito del mismo. Por lo tanto, presta atención a cada detalle.

También deberías tener en cuenta los días de tus reuniones. En la medida de lo posible, asegúrate de que tus reuniones de negocios tengan lugar en días que resuenen con tu número de la suerte. Para el color de tu marca, también elige colores cuyos nombres resuenen con tu número de la suerte. Puede parecer ridículo, pero un detalle como el color de la marca, que quizás quieras subestimar, influye mucho en el tipo de negocios que atraes.

Por lo tanto, tu mejor estrategia comercial en el sentido numerológico es establecer tu negocio en función de tu número de la suerte. Esto puede parecer básico, pero debes ser inteligente con la forma en que modificas el nombre de tu empresa o marca. Si tu negocio se dedica a productos agrícolas, no puedes modificar el nombre de manera que refleje algo relacionado con la tecnología o el campo médico. El mensaje que quieres que tus productos y servicios transmitan a tus clientes es lo que importa en primer lugar.

No puedes permitirte confundir a tus posibles clientes porque quieres que el nombre de tu empresa refleje tu número de la suerte. Por lo tanto, determina el mensaje primero antes de determinar el mejor nombre para tu empresa y tus productos. Ya he dicho antes que se necesita algo más que suerte para triunfar en los negocios. La suerte sólo te da una ventaja, no es lo único. Por lo tanto, tienes que ser inteligente a la hora de modificar tu nombre, tu marca o el nombre de tu compañía.

Esos errores te harán dudar de la eficacia de la numerología cuando no consigas el resultado deseado. Por tanto, la práctica de la numerología no es para personas que no pueden pensar detenidamente. Tienes que ser deliberado, estratégico, positivo y lógico para triunfar como hombre o mujer de negocios que entiende el poder de los números.

Capítulo 10:
En la cultura popular

En este capítulo, te llevaré a través de algunas
películas de cine y programas donde la
numerología aparece predominantemente.
Diversos tópicos y temas son utilizados en varias
películas y programas de televisión populares.
Ideas como asesinos en serie o zombis son
comunes. Sin embargo, también hay un buen
número de películas y programas donde la
numerología era un tema central o parcial. En
estas la idea principal era mostrar a la audiencia
cómo la gente está utilizando el conocimiento de
la numerología para vivir una vida significativa y
plena.

La influencia de los medios de comunicación
puede ser positiva o negativa. En lo que respecta
a la numerología, los medios de comunicación han
disuadido a muchas personas de tomarse en serio
el poder de los números para ofrecer explicaciones
sobre cuestiones importantes de la vida. Sin
embargo, gracias a los mismos medios de
comunicación, muchas personas se han interesado

más por averiguar la veracidad de las afirmaciones de la numerología. Un ejemplo de esa influencia positiva de los medios de comunicación en el fomento del conocimiento de la numerología es "El código Da Vinci". Esta película hizo que mucha gente se interesara por saber más sobre prácticas que tienen implicaciones más profundas en la vida.

Debo confesar que, en algunas películas, la numerología no se presentó con precisión. Por lo tanto, cometerás un gran error si crees que ya sabes de qué se trata la numerología por lo que viste en una película o en un programa de televisión. Sin embargo, las intenciones de los guionistas y directores eran correctas. Ellos fueron capaces de mostrar que la numerología no es una ciencia arcaica que no tiene aplicación práctica en el mundo moderno.

Estas películas y programas fueron capaces de demostrar que la vida de las personas puede tener significados más profundos a través de la exploración del conocimiento del poder mágico de los números, provocando así que más personas consideren la numerología como una ciencia que ofrece respuestas tangibles a algunas de las preguntas más importantes de la vida. Te aburrirías o quizás te abrumarías si escogiera todas las películas, novelas y programas de cine en los que la numerología fuera un tema central o parcial. Por lo tanto, sólo he seleccionado algunas de las mejores.

El código Da Vinci

El código Da Vinci es una película basada en un libro que fue escrito con el mismo título por Dan Brown en 2003. Esta película fue producida en 2006, y realmente hizo mucho bien al despertar en la gente el interés por el poder de los números. Los temas centrales de la película incluyen el misticismo, la espiritualidad, la religión y la lucha por el poder. La secuencia de Fibonacci es una de las secuencias numéricas más populares del mundo. En El código Da Vinci, la secuencia de Fibonacci estaba oculta de una forma interesante. La secuencia de Fibonacci es una serie numérica tal que el valor del siguiente número es igual a la suma de los dos números precedentes.

La secuencia de Fibonacci está relacionada con la espiral dorada. La espiral dorada se encuentra en el universo y en la naturaleza, en tu oreja, en las conchas de los caracoles y en las piñas de los pinos. En la película El código Da Vinci, la secuencia de Fibonacci se utilizó de forma sencilla pero poderosa para abrir una caja fuerte. En medio de la emoción, el suspenso y el drama de la película, el poder de los números se despliega de forma dinámica y es una de las principales conclusiones de la película.

En la película, un profesor de simbología religiosa, Robert Langdon, es el sospechoso del asesinato de Jacques Sauniere. La policía encuentra una cifra en el cadáver y comienza su investigación para atrapar al asesino. Las pesquisas los llevan a solicitar la ayuda de Sir Leigh Teabing, un notable historiador británico. Sir Leigh informa a la Policía de que el verdadero Santo Grial se encuentra en el cuadro de Leonardo da Vinci, "La última cena". Una cábala secreta dentro del Opus Dei también buscaba el verdadero grial para evitar la destrucción del cristianismo.

La película y el libro fueron criticados por la Iglesia Católica Romana como un ataque al cristianismo. No obstante, tanto el libro como la película se hicieron virales. La película fue la segunda más taquillera de 2006.

Touch - Serie de televisión

Touch es una serie estadounidense de 2 temporadas que fue producida en 2012. Esta serie de televisión protagonizada por Kiefer Sutherland se emitió originalmente en Fox y fue creada por Tim Kring. En esta serie, Sutherland, que interpretaba a Martin Bohm, tenía una interesante relación con su hijo, Jake, interpretado por David

Mazouz. Martin perdió a su mujer durante los atentados del 11 de septiembre en el World Trade Center y tuvo que criar solo a su hijo Jake, de 11 años. A Jake le diagnosticaron autismo, y Martin pasó una época tórrida criándolo. Tuvo que pasar de un trabajo a otro debido a las necesidades especiales de cuidar a su hijo.

En la serie, Jake no habla, pero tiene una gran afinidad por los números y los patrones relacionados con ellos. Suele pasar mucho tiempo escribiéndolos en su tableta de pantalla táctil, en un cuaderno o incluso en granos de palomitas de maíz. La fascinación de Jake por los números le dio la inusual capacidad de ver el "dolor del universo", según el profesor Teller (Danny Glover). Martin se dio cuenta de que su hijo se había estado comunicando con el suyo con números todo este tiempo.

Comenzó a seguir el ejemplo de su hijo a través de los números y comenzó a lograr resultados más positivos en sus actividades diarias. Su devoción por Jake estaba afectando su servicio social y el escrutinio de su capacidad para retener la custodia de su hijo. Martin vio el regalo de su hijo como una oportunidad para hacer que la vida fuera más significativa para los demás y lo estaba utilizando para ayudar a la gente. Sin embargo, había corporaciones (Aster Corps) que tenían otros planes para el don de Jake. Mataron al Profesor Teller y estaban tratando de apoderarse de Jake obligando al estado a renunciar a los derechos de custodia de Martin.

Touch fue breve, pero el mensaje es claro: existen increíbles posibilidades de tener una mejor experiencia como humanos a través del poder de los números. Fue evidente en la serie que el universo se comunica con nosotros a través de los números. Aquellos que pueden aprovechar esta comunicación tienen una mayor probabilidad de vivir una vida feliz y plena. Estas comunicaciones pueden ser a través de otras personas, animales o un médium espiritual.

VALIS

VALIS es un poco más antigua, ya que fue escrita en 1981. No obstante, es una de las mejores novelas en cuanto a la investigación del poder de los números. VALIS es una novela de ciencia ficción, obra del escritor estadounidense Philip K. Dick. El significado completo de VALIS es un vasto sistema de inteligencia activa viviente. VALIS es una visión gnóstica de un único aspecto de Dios, según Dick. La novela es la primera de una trilogía, que nunca se completó debido a la muerte del autor. Es una novela interesante en la que el escritor presenta su vida como uno de los personajes de la novela.

Según Dick, hay una transferencia de información de una especie extraterrestre a humanos a través de "rayos láser rosados". La especie extraterrestre utiliza "estímulos desinhibidores" para comunicarse con los humanos a través de símbolos, que activan el recuerdo de la memoria intrínseca. Dick afirmó que pudo recuperar a su hijo de las garras de la muerte a través de su alineación con el mensaje de VALIS. Citó que los médicos se equivocaron en el diagnóstico de su hijo, pero insistió en que le hicieran otra prueba en la que diagnosticaran que su hijo tenía hernia inguinal, que podría haberle matado si no se lo operaba rápidamente.

En la historia, Horselover Fat estaba convencido de que sus visiones son la clave para entender las realidades de la vida en la Tierra. Curiosamente, el significado de "Philip" en griego es "Amante de los caballos". Además, la palabra alemana para "Fat" es "Dick". Otros investigadores que compartían puntos de vista similares a los suyos se unieron a él en su viaje para investigar la veracidad de estos asuntos. VALIS y El código Da Vinci tienen algo en común: el uso de la secuencia de Fibonacci. La secuencia de Fibonacci se utilizó en VALIS como los signos de identificación de un grupo de personas llamados los "Amigos de Dios".

Número 23

Esta película es un thriller psicológico protagonizado por Jim Carrey, aunque en un papel nada cómico. Fue escrita por Fernley Philips y dirigida por Joel Schumacher. En esta película, estaba obsesionado con una novela en particular que creía que había sido escrita sobre él. El libro se lo regaló su esposa, Agatha (Virginia Madsen), por su cumpleaños. Se dio cuenta de que había muchas similitudes extrañas entre el personaje principal de la novela, Fingerling, y él mismo.

El personaje de Jim Carrey en la película, Walter Sparrow, creía que el número 23 está profundamente conectado con su vida y lo ayudaría a tener una comprensión más profunda de su vida. Esta película presentó un vistazo del enigma del número 23. El enigma del número 23 es la creencia de que cada evento tiene una conexión con el número 23 o su derivado a través de la permutación. Walter advirtió a su esposa sobre este número, pero no tenía ningún sentido para ella, y ella le dijo que estaba loco.

Leyó en el libro que Fingerling asesinó a su novia, y comenzó a tener sueños relacionados con él matando a su esposa. Walter fue referido a Isaac French (Danny Huston), el amigo de Agatha, quien le sugirió que debería encontrar al autor del libro para encontrar las respuestas que tanto anhelaba. En la película, el número siguió apareciendo en todas partes, tanto directa como indirectamente. Puede aparecer en forma de ver una escalera con 23 escalones o buscar algo en la habitación 23 de un hotel.

En ocasiones, el número se obtiene mediante el uso de un código simple por parte del personaje en el que cada letra del alfabeto está numerada del 1 al 26. En ese orden, un nombre como "Ned" será igual a 23 (14 + 5 + 4). Otro punto importante de la película fue cuando el personaje principal leyó cada palabra número 23 de la novela, lo que le ayudó a localizar una dirección que le ayuda a juntar las piezas de su memoria perdida.

Pi (II)

Esta película es la historia de un teórico de los números. La obsesión de Max, el protagonista de la película, por desentrañar el secreto de la naturaleza le lleva a adoptar comportamientos autodestructivos extremos. Max es un narrador poco fiable, ya que sufre alucinaciones y paranoia. Está convencido de que los números lo explican todo y le resulta difícil dar sentido a los patrones de los sistemas que le rodean.

En la película, se encuentra con un número, una secuencia 216 dígitos que parece hacer una audaz predicción financiera. Inicialmente fue rechazada, pero se hizo realidad. Varios trabajos de Max llamaron la atención de un grupo jasídico y de una empresa de Wall Street. La empresa de Wall Street estaba interesada en la implicación financiera del número, mientras que el grupo jasídico cree que el número marcará el comienzo de la era mesiánica para ellos. Lo que sigue es una paranoica y tensa persecución que provoca en Max alucinaciones y terribles visiones que, en última instancia, le llevan a perder todo el conocimiento de todo lo que Max intentaba averiguar inicialmente.

Hay tres temas principales en la película: La cábala, el juego del Go y las matemáticas. El tema cabálico se ve en cómo Pi desvela el concepto del "Nombre explícito". La manipulación de un número de 216 dígitos generará 72 columnas de los nombres de tres letras del Dios hebreo. El tema matemático se ve en cómo Max era capaz de encontrar una espiral dorada que aparecía dondequiera que mirara. Max creía que cualquier fenómeno podía explicarse comprendiendo la matemática que encarna la espiral áurea. La espiral áurea es una forma que ha interesado a grandes científicos, como Pitágoras y Roger Penrose. El crecimiento de la forma se basa en la proporción áurea.

El Go es un juego antiguo que se remonta a hace más de 2500 años. La complejidad que surge del sencillo conjunto de reglas del juego siempre ha inspirado el estudio de las matemáticas. En la película, los personajes utilizan el juego como modelo de su perspectiva del universo. Creen que el juego es más bien un microcosmos de la naturaleza caótica del mundo que les rodea.

Numb3rs

La serie de televisión Numb3rs (o Núm3ros en español) refleja el papel positivo de la numerología en la vida de las personas. Este drama criminal tuvo seis temporadas que tienen como protagonista al genio matemático del hermano de un agente del FBI. Este personaje utiliza su habilidad matemática para ayudar a su hermano que es agente del FBI a resolver crímenes. Cada episodio de Numb3rs termina de tal manera que el agente del FBI acabará resolviendo un crimen con la ayuda del ingenio matemático de su hermano.

Numb3rs no está exenta de defectos. Por ejemplo, a menudo presenta conceptos matemáticos poco realistas y cuestionables, principalmente por la forma en que se escribió el guion del drama. Es casi como si las tramas se hubieran escrito completamente de antemano, de forma que se dejaran espacios para la inserción de términos matemáticos que atrajeran al público antes del rodaje, al igual que los guiones de Star Trek.

De ahí que, a veces, no haya relación entre el término matemático y los acontecimientos. Sin embargo, a pesar de este defecto, los personajes fueron capaces de mostrar con éxito cómo una persona puede ir de forma individual en busca del conocimiento de la numerología. La numerología se presentaba a menudo en el espectáculo cinematográfico como un conocimiento que puede ayudar a las personas a tener previsión sobre los acontecimientos que se desencadenarán en el futuro. La Gematría, que es un código alfanumérico de dar a palabras o frases valor numérico basado en sus letras, también se usó extensivamente en Numb3rs.

La numerología y la Gematría se utilizaron como herramientas viables para comprender el mundo que nos rodea en el espectáculo cinematográfico. En Numb3rs, los personajes eran capaces de prestar atención a los patrones de las relaciones numéricas que les rodeaban. Esta conciencia de los patrones numéricos, que nos ayuda a desvelar conocimientos que antes estaban ocultos, es una parte importante de la numerología. Sin ninguna forma de misticismo, quienes sean diestros en numerología podrán identificar estos vínculos numéricos.

Bee Season

Esta película fue adaptada de un libro cuyo título también se llama "Bee Season" aunque en Latinoamérica recibió el nombre de "Palabras mágicas" y en España el nombre "La huella del silencio". Se trata de un drama estadounidense en el que la hija de una familia perpetuamente disfuncional mostraba un inesperado don para ganar concursos de ortografía. Este nuevo éxito trastorna la dinámica de esta familia, cuyos miembros empiezan a descubrirse a sí mismos y a tener un despertar espiritual a medida que la niña se acerca a ganar el concurso nacional.

La numerología no es el tema principal de esta película, sino una parte de la vida de los personajes que eran marido y mujer. El esposo, interpretado por Richard Gere, es un profesor de estudios religiosos que escribió una tesis de licenciatura sobre la Cábala. Por su parte, la esposa, interpretada por Juliette Binoche, se convirtió al judaísmo después de casarse. Llevaba una vida secreta basada en su creencia en el "Tikkun Olam", creencia cabalística según la cual los seres humanos tienen una responsabilidad compartida en la transformación, donde "Tikkun Olam" es una palabra judía que significa "reparar el mundo".

El marido se interesó especialmente en ella después de darse cuenta de que la había inspirado con sus propias creencias espirituales. Por lo tanto, comenzó a entrenarla empleando sus técnicas de Cábala. Este nuevo interés lo lleva a prestar mucha atención a su esposa a expensas de los niños. La lección clave de esta película es cómo una persona puede utilizar la Cábala en la vida cotidiana. Aunque la numerología no jugó el papel principal en la trama de la película, fue una visión deliberada de cómo muchas personas están utilizando el conocimiento de la numerología para tener una mejor experiencia en sus vidas.

11-11-11

11-11-11 es una película de terror escrita y dirigida por Darren Lynn Bousman en 2011. Tiene el número 11 escrito por todas partes desde la trama hasta la fecha de estreno. Se ambienta a las 11:11 del día 11 del mes 11 y se estrenó el 11 de noviembre de 2011. En la película, Joseph Crone, un escritor, interpretado por Timothy Gibbs, soñó que su esposa y su hijo estaban atrapados en su casa en llamas y finalmente murieron. Se despertó a las 11:11 en su habitación de hotel el 7 de noviembre de 2011.

Joseph estuvo involucrado en un accidente automovilístico el 8 de noviembre de 2011, por lo que fue hospitalizado. Su resonancia magnética mostró que no estaba herido, pero el conductor había muerto. Cuando miró su reloj de pulsera, eran las 11:11. Su hermano, Samuel (Michael Landes), lo llamó esa noche para informarle que su padre (Denis Rafter) se estaba muriendo. Joseph fue a ver a su padre al día siguiente en Barcelona, donde su hermano le mostró un video de seguridad llamado "de los demonios". El video mostraba un contorno tenue de un demonio a las 11:11 p. m.

Joseph le informó a Samuel sobre cómo había visto 11-11 con frecuencia recientemente. Ana, que era su ama de llaves local, le informa a Joseph basándose en un diario titulado "El libro de Ana", que es el evangelio según ella, que la secuencia de números muestra que Joseph ha sido "Activado". Joseph rescató a Samuel esa noche de criaturas que parecían demonios que estaban tratando de estrangular a Samuel. Joseph luego encuentra una foto en custodia de Javier, quien había tratado de matar a Samuel con las palabras "SACRIFICIO" garabateadas en ella.

Joseph estaba convencido de que Samuel es un profeta que los demonios estaban tratando de matar para que la "Serpiente" se levante y dé a luz una nueva religión después de la destrucción de la iglesia. Sin embargo, se equivocó, ya que descubrió demasiado tarde que Samuel era en realidad el diablo y que debería haberlo detenido. La película termina en un tiempo futuro en el que una gran congregación estaba leyendo un libro titulado "El libro de Joseph".

Otros trabajos que vale la pena mencionar

Otros trabajos sobre numerología que vale la pena mencionar incluyen XKCD y Harry Potter. XKCD es una famosa serie de cómics de Internet escrita por Randall Munroe. Randall Munroe es un ex roboticista de la NASA. Esta sensación de Internet que tocaba temas de matemáticas, ciencia, amor y filosofía hizo el mejor uso de la secuencia de Fibonacci. En Harry Potter, la numerología se practicaba bajo el nombre de la **aritmancia**, que era un curso optativo en "Harry Potter y el prisionero de Azkaban".

Preguntas frecuentes

Hay muchas preguntas que la gente hace sobre la numerología por curiosidad o tal vez por pesimismo. Es bastante difícil para algunas personas creer que comprender las propiedades de los números en sus vidas puede ser suficiente para responder preguntas sobre la vida. A continuación, se presentan preguntas frecuentes sobre numerología y las respuestas:

¿La numerología se trata sólo de matemáticas?

Para aquellos a quienes no les gustan las matemáticas, no deben tener miedo porque la numerología no es sólo matemática. La numerología es la ciencia de los números y hay aspectos en los que hay que hacer una operación matemática, como una simple suma, para encontrar los números básicos. La numerología trata de comprender los atributos de los números y cómo afectan a tu vida. No es necesario obtener un título en matemáticas antes de poder comprender y practicar con éxito la numerología. La numerología es una exploración deliberada y una respuesta a preguntas difíciles de la vida, como su propósito y su mayor impulso.

¿Puede la numerología predecir mi futuro?

La respuesta a esta pregunta es "No", porque no es Dios. Sin embargo, la numerología puede ayudarte a comprender las razones por las que se desarrollan los eventos en tu vida. Por lo tanto, la numerología puede ayudarte a saber el tipo de eventos que es probable que ocurran en tu vida en el futuro. Sin embargo, tu comprensión de los números en tu vida no significa automáticamente que lograrás el éxito o el fracaso en el futuro. El curso de tu vida está determinado por las acciones que realizas o no.

¿Existen números buenos y malos?

Las personas que no entienden las propiedades de los números en numerología suelen asumir que hay números que son inherentemente positivos o negativos. Sin embargo, no es cierto que haya números que sólo tengan atributos positivos o negativos. En numerología, cada número tiene propiedades tanto positivas como negativas. Por lo tanto, antes de que te empeñes en cambiar tu nombre para alterar algunas características o eventos en tu vida, debes pensarlo dos veces. Tendrás que aceptar los atributos positivos de tus números principales y hacer todo lo posible para limitar los atributos negativos para que puedas tener equilibrio en tu vida.

¿Existe una conexión entre la numerología y la religión?

No. La numerología no es una religión, sino una ciencia universal. La numerología no se refiere sólo a los seres humanos, sino que incluso puede aplicarse en el caso de los animales. Tanto los humanos como los animales tienen la fecha en la que nacieron. Por lo tanto, la numerología nos ayuda a comprender los atributos positivos y negativos tanto de las personas como de los animales. En otras palabras, tu nombre o el nombre que le das a tu mascota tiene atributos tanto positivos como negativos en numerología. La numerología es el conocimiento de la energía de la vibración de los números y no una religión.

¿A qué tipo de respuestas responde la numerología?

La numerología te ayuda a entender quién eres, tu camino en la vida, tu motivación y tu dirección. Las preguntas sobre tu personalidad, fortalezas y debilidades se responden a través del conocimiento de la numerología. La numerología puede ayudarte a conocer tus talentos naturales y la mejor trayectoria profesional que se adapta a tus características. También puedes saber quién es la persona adecuada para casarte, el tipo de negocio en el que puedes invertir y el tipo de ubicación que es mejor para ti. Puedes saber cuándo necesitas ser paciente y cuándo necesitas hacer cambios en tu vida a través del conocimiento de la numerología.

¿Puedo conocer a mi alma gemela a través del conocimiento de la numerología?

¡Sí! Puedes saber si tu relación actual es la correcta a través del conocimiento de la numerología. Tu número de camino de vida revela tu propósito, fortaleza y debilidad. Por lo tanto, puedes determinar si eres compatible románticamente con una persona o no cuando conoces el número de camino de vida de la persona. Puedes saber si la fortaleza de la persona complementa tus debilidades y viceversa. Por lo tanto, la numerología puede ayudarte a saber a quién evitar y a quién debes darle una oportunidad para que gane tu corazón y permanezca en tu vida.

¿Cuál es la diferencia entre numerología y astrología?

La astrología se ocupa del movimiento de los cuerpos planetarios y sus efectos en nuestras vidas. La astrología es bastante rígida e inmutable porque no puedes alterar el movimiento de los cuerpos planetarios. Sin embargo, en numerología, puedes alterar los eventos de tu vida modificando tu nombre. En esencie, la astrología es como un espejo. Puedes verte a ti mismo y tus rasgos, pero no puedes hacer nada más que aceptar la imagen que te presenta el espejo. Sin embargo, la numerología es como la cirugía plástica. Si hay aspectos de tu vida con los que no te sientes cómodo, puedes hacer modificaciones en la numerología para tener nuevas experiencias.

¿La numerología se trata sólo de mi fecha de nacimiento?

La numerología no se preocupa sólo de tu fecha de nacimiento. Es fácil pensar que la numerología sólo utilizará tu fecha de nacimiento porque contiene números. Sin embargo, tu nombre de nacimiento y el nombre con el que te llaman las personas también son importantes en numerología. Tu nombre completo se puede convertir en dígitos mediante la suma de valores que se asignan a las letras que componen tu nombre.

¿La nomenología es lo mismo que la numerología?

La "nomenología" es parte de un todo, mientras que la numerología es el todo. La nomenología es el análisis de las vibraciones del nombre en función de los valores de la numerología. La numerología te ayuda a comprender cómo los números de tu nombre afectan tu vida tanto de manera positiva como negativa.

¿Cuál es la importancia de mi nombre en numerología?

Tu nombre determina las experiencias positivas y negativas que tendrás en la vida. Por lo tanto, tu nombre juega un papel muy importante en la numerología. Cuando las personas cambian sus nombres por razones desafortunadas, como un divorcio, es un gran problema en numerología. Cuando el nombre se convierte en un dígito en numerología, es probable que los atributos del nombre antiguo y el nuevo no sean los mismos. Por lo tanto, tu nombre dice mucho sobre ti en un contexto numerológico. Es por esto que debes tener cuidado antes de cambiar tu nombre porque podría cambiar tu fortuna.

Conclusión

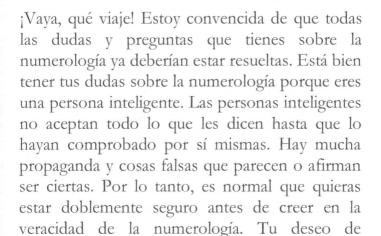

¡Vaya, qué viaje! Estoy convencida de que todas las dudas y preguntas que tienes sobre la numerología ya deberían estar resueltas. Está bien tener tus dudas sobre la numerología porque eres una persona inteligente. Las personas inteligentes no aceptan todo lo que les dicen hasta que lo hayan comprobado por sí mismas. Hay mucha propaganda y cosas falsas que parecen o afirman ser ciertas. Por lo tanto, es normal que quieras estar doblemente seguro antes de creer en la veracidad de la numerología. Tu deseo de descubrir cosas por ti mismo debe haberte convencido de comprar este libro en primer lugar.

Lamentablemente, algunas personas descartan la numerología sin verificar sus afirmaciones. Esas personas nunca sabrán lo que se están perdiendo hasta que de alguna manera cambien de opinión y comprueben la autenticidad de las afirmaciones de la numerología. Me alegra que tú hayas tomado la decisión de dar un salto de fe para averiguar si los números realmente tienen la respuesta a importantes preguntas de la vida. Estoy segura de que a estas alturas estás feliz de haber dedicado tu energía y tiempo a leer este libro.

¡Haz algo más que leer!

Es bueno que hayas leído el libro, pero deberías hacer algo más que eso. Tienes que practicar lo que has leído. Desafortunadamente, muchas personas leen libros con el objetivo de acumular más conocimientos. Algunos leen de manera amplia para que, cuando haya una discusión, puedan contribuir sin sentirse desubicados y sin tema de conversación. Sin embargo, si lees un libro como este y no lo llevas al siguiente nivel para practicar, todo es inútil. No eres mejor que las personas que no creen que la numerología sea real si tienes el conocimiento, pero no lo pones en práctica.

De hecho, los pesimistas y los críticos de la numerología son mejores que tú si no aprovechas el conocimiento de la numerología para mejorar tu vida. Al menos, esas personas no perderán su tiempo y esfuerzo en leer algo como esto. A largo plazo, tendrás el mismo tipo de experiencias e incertidumbre que ellos tienen en la vida a pesar de tu conocimiento. El hecho de que trabajes en una industria del jabón no significa automáticamente que estarás limpio. Tienes que tomar el jabón y bañarte con él antes de poder estar limpio.

De la misma manera, leer un libro sobre numerología no significa automáticamente que disfrutarás de los beneficios de comprender el poder mágico de los números. Tienes que aplicar tu conocimiento a cada área de tu vida antes de poder disfrutar de los beneficios de tener el conocimiento de la numerología. Nada te llegará en bandeja de oro en la vida; tienes que demostrar que estás listo para hacer lo que sea necesario para que las cosas funcionen antes de poder tener éxito en la vida. Tienes que ser deliberado acerca de cambiar tu vida si realmente quieres tener nuevas experiencias positivas.

Por ejemplo, no espero que no conozcas tus números fundamentales a esta altura. Deberías haber calculado y conocido tu número de camino de vida, número de expresión y número de impulso del alma a esta altura. El mejor momento para practicar lo que estás aprendiendo en la vida es ahora mismo. Cuando pospones las cosas, comienzas a perder el entusiasmo que tenías inicialmente cuando recibiste el conocimiento por primera vez. Con el tiempo, el conocimiento se volverá obsoleto e incluso puedes comenzar a dudar de la veracidad y relevancia del conocimiento. Si la razón por la que aún no has practicado lo que has estado aprendiendo en este libro es que querías esperar hasta terminar, no hay problema. No es demasiado tarde para enmendarlo. Lo primero que debes hacer es calcular tus números básicos. Una vez que conozcas tus números básicos, descubre el significado de esos números y cómo revelan tu identidad. Descubre tu personalidad y tus capacidades. Identifica tus debilidades y comienza a trabajar en cómo puedes frenarlas para vivir una vida feliz y plena.

¡Vive una vida feliz y plena!

La razón principal por la que se escribió este libro es para mejorar tu experiencia en la vida. En otras palabras, este libro fue escrito para ayudarte a vivir una vida feliz y plena. Por lo tanto, si conoces tu número de camino de vida, número de expresión, número de la suerte, número de impulso del alma y número del destino, pero no logras vivir una vida feliz y plena, el objetivo de este libro no se ha cumplido. Cada capítulo del libro se llenó deliberadamente con información que mejorará tu vida.

He hecho todo lo posible para brindarte información precisa que te ayudará a tomar las mejores decisiones a través de tu conocimiento de la numerología. Por lo tanto, la pelota está en tu cancha. Nadie más que tú puede decidir si vivirás una vida feliz o no. Cada área de tu vida puede experimentar un cambio radical si tú así lo deseas. Puedes tomar la decisión correcta sobre tu carrera profesional porque entiendes tus talentos naturales. Conoces tus fortalezas y debilidades y la mejor carrera que se adapta a tus capacidades.

Podrás tomar la decisión correcta en lo que respecta a tu pareja, porque ahora conoces a personas que no son adecuadas para ti. Por lo tanto, no sólo tendrás en cuenta lo hermosa o linda que es una persona, sino que también analizarás su compatibilidad contigo. Podrás tomar las decisiones correctas sobre el lugar donde vivir porque sabes que tu dirección afecta las experiencias positivas y negativas que tienes.

Por lo tanto, será un gran desastre si terminas sin vivir una vida feliz y plena a pesar de todas estas "armas" o herramientas que tienes. Significará que has elegido no "luchar" cuando tienes todo lo que necesitas para ganar. Creo que no me decepcionarás; harás uso de la invaluable información que has recibido. No hacerlo es, en última instancia, decepcionarte a ti mismo.

Referencias

Bullinger E. W. (1921). El número en las Escrituras. Eyre & Spottiswoode (Almacén Bíblico) Ltd.

Campbell F. (1931). Tus días están contados: Un Manual de Numerología para Todos. DeVorss & Company. ISBN 0-87-516422-6.

Drayer R.A. (2002). Numerología, El Poder de los Números, Un Enfoque del Cerebro Derecho e Izquierdo. ISBN 0-9640321-3-9.

Cinco tipos de numerología - Centro Patrístico. (s.f.). Recuperado el 20 de octubre de 2019, de http://www.patristiccenter.org/five-types-of-numerology/

Hans, D. (2017). Números de una sola cifra. Consultado el 22 de octubre de 2019, de https://www.worldnumerology.com/numerology-single-digit-numbers.htm

Hans, D. (2017). Números maestros. Consultado el 19 de octubre de 2019, de https://www.worldnumerology.com/numerology-master-numbers.htm

Hans, D. (2017). Número de la deuda kármica en numerología. Consultado el 24 de octubre de 2019, de https://www.worldnumerology.com/numerology-karmic-debt.html

Hans, D. (s.f.). Compatibilidad en numerología | Numerology.com. Consultado el 24 de octubre de 2019, de https://www.numerology.com/numerology-news/numerology-compatibility-life-path-number

Hans, D. (s.f.). Números de expresión | Numerology.com. Consultado el 23 de octubre de 2019, de https://www.numerology.com/numerology-news/expression-number-numerology

Kari, S. (s.f.). Numerología para tu dirección: ¿tu hogar es feliz para ti? Consultado el 19 de octubre de 2019, de https://karisamuels.com/home-numerology/

Milton, B. (2013, 11 de marzo). La numerología en la cultura popular. Consultado el 23 de octubre de 2019, de https://sapientparadox.wordpress.com/2013/03/12/nu merology-in- popular-culture/

Nagy A. M. (2016). Cuaderno de trabajo de numerología: utilizando el misticismo caldeo (Pasta blanda).

Pochat W. & Pirmaïer M. (2011). La Numerología Desvelada - vol. 1 - No llevas necesariamente el nombre que crees.

Sara, C. (26 de octubre de 2018). Significado del número de camino de vida. Consultado el 22 de octubre de 2019, de https://www.refinery29.com/en-us/life-path-number-numerology-meaning

Schimmel A. (1993). El Misterio de los Números (un compendio erudito de las connotaciones y asociaciones de los números en las culturas históricas). Nueva York,

Estados Unidos: Oxford University Press. ISBN 0-87-516422-6.

Terry, F. (31 de octubre de 2016). Números de teléfono "extremadamente afortunados" podrían alcanzar los 100 millones de euros. Consultado el 21 de octubre de 2019, de https://www.bangkokpost.com/learning/advanced/1123520/-extremely-lucky-phone-numbers-could-fetch-b100-million

Los tipos de la numerología. (s.f.). Consultado el 16 de octubre de 2019, de http://www.spiritlink.com/kinds.html

La conexión entre la numerología y la astrología. (s.f.). Consultado el 17 de octubre de 2019, de https://www.astroyogi.com/articles/the-connection-between-numerology-and-astrology.aspx

¡UN COMIENZO ESPIRITUAL!!

Comienza tu semana con ratitude, alegría, inspiración y amor.

¡Sanación, motivación, inspiración, desafío y guía directamente a tu bandeja de entrada de correos electrónicos cada semana!

DESCUBRE MÁS

Made in United States
Orlando, FL
22 November 2024

54302647R00104